会社を〝守る〟M&A、〝伸ばす〟M&A

株式会社日本M&Aセンター
代表取締役社長
三宅 卓

日本経済新聞出版

はじめに

会社が永続的に成長してこそ本当の幸せは訪れる
M&Aで従業員を、地域を、自らを笑顔にする〝伝説の経営者〟になってほしい

日本M&Aセンターは2021年、創業30周年を迎えた。この30年間、中堅・中小企業のM&A（Mergers and Acquisitions：合併と買収）仲介業ただ一筋に走ってきた。

「後継者がいない。どうしたらいいんだ」

悲鳴のような叫びを何とかしようと多くの案件に汗を流すうちに、

「このままでは先行きに自信が持てない。伸びている会社に買い取ってほしい」

という話が舞い込みだした。最近は、

「もっと会社を伸ばしたい。相乗効果の見込める会社とM&Aしたいから紹介してくれな

いか」

という相談が増えだした。

30年という時間は、世の中を変え、人々の意識を変えるには十分なようである。今や経営者は、景気の荒波を乗り切る武器に、M&Aを利用しようとしている。

その証拠に、コロナ禍という恐らく百年に一度あるかないかのような非常事態が起こったにもかかわらず、国内のM&A件数の落ち込みは一時的なもの。実際、2021年春頃からじりじりと増え、1～6月の上半期におけるM&A件数は、過去最多となっている。経営者たちは、コロナ禍をきっかけに社会生活の見直しが定着すれば、また新しいビジネスチャンスの波が来ると読み、その波に乗るには今のままではダメだ、新たな手を打たなければと、M&Aの機会をうかがっているのだ。

「M&Aって何だ?」

創業当時は、M&Aという言葉を聞いたこともないお客様が大多数で、門前払いを受けることのほうが多かった。「他の会社に譲ったり、譲り受けたりすることで、会社が元気になる方法ですよ」と、めげずにパンフレットを渡し、全国を飛び回った。お客様紹介のネットワークを広げるために、地方銀行、信用金庫、会計事務所などと連携の輪を広げた。紹介された案件を確実に成約させるために、企業概要書や株価算定の標準化に取り組むなど、M&Aのプロセスそのものの仕組み化も急いだ。文字通り、日本国内の中堅・中小企業を対象にしたM&Aマーケットを、一から切り開いていった時代だった。

それが現在、日本M&Aセンターは、年間1000件規模のM&A案件を成約できるまでになった。

M&Aの用途は、事業承継だけでなく、事業範囲の拡大、海外市場開拓など、ますます広がっている。M&Aで、中堅・中小企業の可能性は、さらに広がるのだ。もっとお客様の潜在ニーズを掘り起こし、満足していただくにはどうしたらいいか。そう考え、単なるM&A仲介だけではなく、例えば上場支援サービスや、M&Aが実行された後の経営統合（PMI）のお手伝い、ウェブマッチングサイトの開設など、周辺の様々な関連サービスも提供できるようにしてきた。対象企業も、上場企業から零細規模に至るまで対応できる体制を整えてきた。いわば〝M&Aの総合会社〟に成長したといえる。

ここまで大きくなった私たちだが、目的はずっと変わらない。M&Aで元気な会社を増やすことだ。仕事を通じて私たちが果たしたことを問われたら、「日本各地の、〝伝説のおじいちゃん〟誕生のお手伝いをさせていただいたこと」だとお答えしたい。

経営者が会社を譲るという決断をすることは、並大抵なことではない。たとえ後を継ぐ人がいないなど、やむにやまれぬ理由があったとしても、人生に一度あるかないかの大事件だ。だが、廃業という決断では、何も生み出さない。従業員の生活を守ることはできず、取引先や消費者へのダメージも大きく、地域の雇用や経済への影響も少なくない。この負の連鎖を、M&Aという方法で断ち切る決断をした経営者は、みんなの幸せを守ってくれた伝説となってしかるべきだろう。そうした彼ら・彼女らの活躍で、優れた人材や技術を絶やさず、次の成長ステップに生かすことができたなら、日本の未来は明るい。

当社はM&Aが成立した際に、譲渡企業の経営者の「人生の歩み」を冊子にしている。親族や知り合いの方などに配布していただき、堂々と人生の花道を歩かれたことを皆さんと確認していただくものになればと考えている。多くの冊子を作ったが、一つとして同じ内容の冊子はない。

もとより、100の会社があれば100通りの会社の沿革があり、100人の違う経営者の個性やこだわりがある。会社の行く末を決めるまでには、何度も感情が激しく揺さぶられたに違いない。M&Aは、そうしたそれぞれの会社、経営者の歴史や思いを背負って、未来へ向かって進んでいく。きっかけも、経過も、結果も、それぞれ異なるストーリーがあるものだ。

譲渡側と譲受け側が、どのような経緯をたどって成約にこぎつけたのか。本書ではここ数年の事例をいくつか取り上げ、実名を挙げて紹介する。取材にご協力いただいた皆さまには、この場を借りて心から感謝を申し上げたい。これらの事例は数あるパターンの中の一つでしかないが、経営者たちが悩んだこと、目指したこと、そのどこかに共感できる部分があるはずだ。それらをどう解決していったか、自らの将来のヒントにしていただきたい。そして今度は、読者の皆さんがそれぞれにストーリーを編んでほしいのだ。

M&Aの技法は日々進化している。それらを駆使し、経営者の不安や希望に応え、幸せな未来へと至るお手伝いをするのが、私たちの仕事だ。会社を守り、伸ばすM&Aを行うために、ぜひ頼っていただきたい。

「そうだ。私も〝伝説〟の仲間入りをしよう」

本書を読んで、そう思っていただける経営者が、お一人でも増えてくださることを願っている。

目次

第2章 M&Aで解決できること 6つのストーリー 63

第3章 M＆A成功のための心得

第1章

M&Aは万能の利器

1　黒字廃業が止まらない！

倒産は減ったのに、休廃業は増えている

2020年の企業の倒産件数は7773社。前年比7・2%減。30年ぶりに8000件を下回った（図表1）。コロナ禍でどこも大苦戦したはずなのに、皆さん「おや？」と思うだろう。政府や自治体、金融機関などが非常時シフトを敷き、総力を挙げて資金繰り支援をしたおかげで、業績不振の企業が息をつけたようだ。ところが、同じ2020年の休廃業・解散件数は4万9608社で前年比14・6%増。前年より6000件増えている。倒産件数の実に6・4倍だ。しかもそのうち6割の会社が、黒字なのに休廃業したという。

「あれ？」と思わないだろうか。倒産は回避できたのに、利益の出ている会社が続々と、「もう会社を維持できない」と休廃業を選択している。この現実を理解するには、少しばかり解説が必要だ。

図表1　休廃業・解散、倒産件数の推移

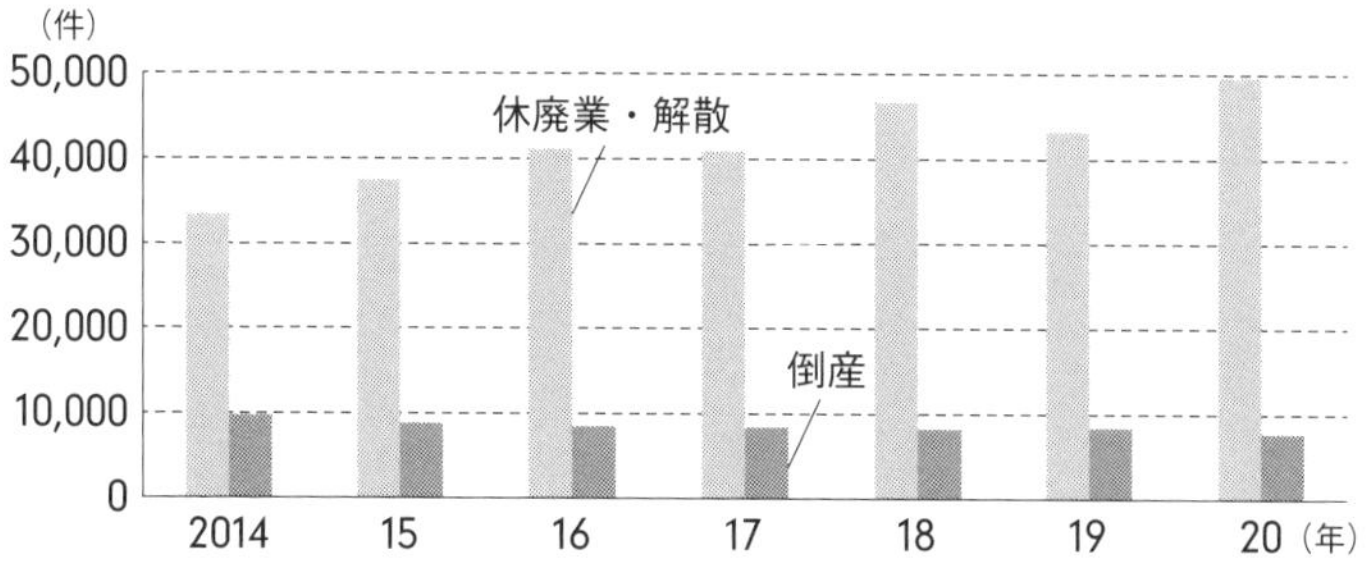

出所：東京商工リサーチ「2020年『休廃業・解散企業』動向調査」（2021年）

黒字廃業の背景にあるもの

耳にタコができるほど聞いたかもしれないが、日本は急激な人口減少と高齢化の真っただ中にいる。その状況が、中堅・中小企業を黒字なのに廃業という悲劇に追い込んでいると言っていい。廃業へと至る理由は、大きく分けて2つ。これは、中堅・中小企業経営者の悩みとほぼイコールだ。

1つ目、高齢化は、経営者自身も例外ではない。必然的にバトンタッチを考えることになるが、後継者が見つからず廃業せざるをえない、というケース。

国内の中小企業経営者の平均年齢は、すでに60歳を突破した。平均引退年齢は70歳に達する。だが現実には、70歳になってもまだ経営のバトンをつなぐ後継者を見つけられないことも多い。

事情は様々だ。子どもがいない、息子・娘が他の道に進んで家業を継ぐ気がない、またはまだ年齢的・能力的に難しい——等々。現代では、子どもが家業を継ぐケースのほうが珍しくなっている。医者や弁護士になるなど自分の道を決めて歩んでいたり、東京の大企業で昇進したりしていることも多い。

それではと、従業員を次期社長にと考えるが、なかなかピタリとはまる人がいない。中小企業といっても株式の買い取りには数億円単位の資金が必要となるし、何より中小企業経営者は金融機関からの借り入れに自宅などの個人資産を担保に差し出しており、従業員がこの多額の個人保証を引き継げるかどうか。経済的、心理的負担を考え、多くの後継候補者はしり込みをしてしまう。従業員が仮にリスクを負う覚悟を固めても、金融機関や家族から反対されることが少なくない。

そんな、いわゆる「後継者不在の企業」は、帝国データバンクによれば全体の65%にものぼるという。ざっと3分の2の企業が、とんでもない不安を抱えている。後継者不在は地方の問題と思ったら大間違いで、関東1都3県・大阪府でも60%を超え、大都市圏での状況が深刻さを増す。

中小企業経営者の後継者難は、10年以上も前から指摘されていた。当時、後継者不在の企業は50％程度と言われており、「早く手を打たないと大変なことになる」と警鐘が鳴らされていた。だが、効果的な策はとられてこなかった。状況は悪化している。もう限界なのは、誰の目にも明らかだろう。

後継者が見つからない＝指揮官がいないのだから、会社は休廃業に追い込まれる。会社自体は事業を続けようと思えば続けられるのに、だ。

小さくなる一方のマーケットに、募る不安

後継者不在は黒字廃業急増の大きな要因だが、他にも、将来への先行き不安が増し最終的には会社をたたむ、というケースもある。これが2つ目。

人口がどんどん先細っていくということは、働く人も、商品を買ったりサービスを受けたりする人（消費者・ユーザー）も減るということだ。事業を続けていても、明るい未来が描けない。だから、次へバトンを渡すこともあえてしない。

先行き不安と同様に、マーケットが縮小することで業績を上げにくく、会社がなかなか成長できない、現状維持すら難しくなっている、というのも経営者の大きな悩みだ。この閉塞感はじわじわと広がり、ついには廃業へと至る。人口問題は、中小企業の生き残りに直結しているのだ。

ストップ・ザ・黒字廃業

「人生100年時代がやってきたと世間は持ち上げる。けれど、いつまでも顧客先を飛び回れるわけがない。コロナ禍で打撃を受け、体力、気力とも自信がなくなった。これから数年先の目鼻なんて、まったくつかない。もう会社経営をやめようと思う」

こんな経営者の声が今、日本中で聞かれている。だが、本当に「廃業」という選択肢以外ないのだろうか。

廃業は、失業者を生み出し、地域社会の活気は徐々に失われていく。連綿と続いた技術の継承が難しくなり、産業基盤を揺るがす。イコール国力の低下だ。経済産業省・中小企業庁は警鐘を鳴らす。

「このままでは社長の引退年齢がどんどん上がり、後継者が決まらないままに、日本中で127万社が廃業に追い込まれる」

磨けばピカピカと光る企業がたくさんあるにもかかわらず、3分の2もの企業を廃業させてしまっては、日本はさらに停滞の歩みを続けてしまう。なかでも、推計60万社と言われる黒字廃業を止める手立てはないのだろうか。

2　すべての企業が避けて通れない、ニッポン総M&A時代へ

黒字廃業を救う手立て

廃業のピンチを救い、経営者の悩みを一掃するには、これしかない。M&A（Mergers and Acquisitions：合併と買収）――カタい言い方をすると、第三者への事業承継だ。親族や従業員ではなく、広く他の企業に目を向け、最も相応しいと思える企業に自分の会社を買ってもらう（反対に他社を買うケースもある）。磨けば光る企業ならば、その会社を欲しいというところが必ず現れる。これで問題は一気に解決する。マッチングの相手さえ間違えなければ、新しい経営体制のもとで事業はきっと伸びる。今までより事業成長のスピードは加速するはずだ。

企業というのは、成長こそが最大の活力源である。M&Aで成長すれば、業績アップで

給料が増え、従業員も幸せ。リタイアする経営者は憂いを残すことなく会社経営を委ねられ、かつ老後の生活が保証されて満足。地域社会は雇用が守れて安心。国は中小企業の事業基盤が強くなって安泰。売り手企業（譲渡企業）も買い手企業（譲受け企業）も、事業範囲が広がって展望が開ける。

個人、企業、地域、国のどのレベルから見ても明るい未来が期待できるから、ハッピー型M&Aと呼びたい。そんなM&Aを決断した経営者は、皆の幸せを考えてくれた「伝説の経営者」として、語り継がれる存在になるだろう。

M&AはIT同様、全企業が取り入れるべき経営戦略となる

歴史を振り返ってみれば、日本企業は10年あるいは15年という間隔で何度となく大波をかぶってきた。石油ショック、バブル崩壊、リーマン危機……。その都度、省エネやコスト削減、技術革新という課題を背負い、対応してきた。直近は、新型コロナウイルスの蔓延だ。この新手の大波にも果敢に立ち向かっている。

そこで武器となっているのが、ITをはじめとしたデジタル技術だ。オンライン会議の

ように、4、5年先と思われていた手法が瞬く間に普及した。これがオンライン授業、オンライン診療へと広がりを見せている。非接触型を目指すキャッシュレス決済化も急テンポだ。スマートフォンによる決済サービスは今や日常となりつつある。在宅勤務だって初めは物珍しかったが、1年以上続けばこれが当たり前となる職種が現れ、リモート環境が整っていった。アナログ産業との決別、加えて人工知能（AI）、モノをネットでつなぐIoT、高機能ロボットなどの開発レベルが一段と上がる。本格的なデジタル経済の到来が、コロナ禍で加速したのだ。

環境の変化に遭遇するたびに、企業は知恵をしぼり、新たな対応策を講じてきた。そして今、人口減少・高齢化の閉塞感を乗り越える術として次代のスタンダードになる手法こそが、M&Aなのだ。

相乗効果をねらえ

もう少し具体的にM&Aの問題解決力を見てみよう。

例えば、四国の地方都市に従業員約20人の印刷会社があったとする。地方都市の人口激減により、チラシ類の印刷の仕事は減少気味。息子さんは継ぐ意思があるが、今後に大きな先行き不安を覚えていた。

一方、東京のとある広告代理店は、歴史があり顧客層は厚く、需要が伸びている化粧品通販に強いが、競争が激しく受注に結びつかない。しかも、社長が高齢で後継者不在という状況だ。

そこで、四国の印刷会社が、東京の広告代理店を買収して、広告代理店のチラシなど印刷物をすべて四国で印刷することにした。データや商品のやり取りは、ネットと宅配便を使えばいい。四国は東京と比べて人件費などが格段に安いので、大きなコストダウンになる。その結果、広告代理店の受注は激増し、印刷会社も化粧品広告印刷という分野で技術を磨け、仕事も激増する。息子さんが継ぐに相応しい、未来が拓けた企業グループに変貌したのである。

また、東北に青果物専門のスーパーがあったとする。県内に数店舗を持ち、それなりに名前は知られているが、それ以上の発展は難しい。ここに東京の中堅新興スーパーがM&Aを持ちかける。東京のスーパーは東北に足場ができるし、東北のスーパーも青果物以外の商品拡大が期待できる。

互いに結びつくことで相乗効果（シナジー効果）を出すことができる。特に、異なる業種または異なる地区のM&Aは互いに補完し合うところが多く、Win-Winの関係ができるといえよう。成長のための経営戦略に基づいたM&Aは、「戦略的M&A」と呼ばれる。営業力と技術力、老舗ブランドと新興の成長力、国内販路と海外販路、西日本と東日本……いろいろな掛け合わせが共鳴し合って企業を伸ばす。

M&Aで積極的にわが社を大きくしてくれる相手を探したい、そう考える経営者が増えている。会社を売るにせよ買うにせよ、これからは、M&Aを駆使して企業が生き抜いていく時代となる。ニッポン総M&A時代が、すぐそこまで来ているのだ。

3　M＆Aのこと、勘違いしていませんか？

M&Aに対する認識は変わった

中堅・中小企業経営者のM＆Aに対する見方は、この30年で大きく変わった。

最近では、M＆Aを決断したと言うと、経営者仲間が、

「そうですか！　よく思い切って決心しましたね。おめでとうございます！」

と率直に称賛してくれた、という話をよく聞くようになった。それは、周りの経営者も後継者不在や伸び悩みの問題を抱え、どうしたらいいか解決の糸口を探しているからだろう。従業員、取引先、顧客に迷惑をかけないためにも、廃業は避けたいという気持ちは皆同じである。

だが一部の経営者には、いまだにM&Aに対する誤解がある。正確には勘違いと言ったほうがいいだろう。ここで、代表的な勘違いを2つご紹介する。M&Aを正しく知るためにも、ぜひ認識を改めていただきたい。

勘違い① M&A=ハゲタカ?

典型的なのは、次のようなものだ。

「M&Aは、企業を乗っ取るようなものでしょう? 会社を食い物にされては、たまらないよ」

2000年代の話だ。『ハゲタカ』という小説やテレビドラマが人気となった。買収した企業を文字通りズタズタにするストーリーが衝撃的だっただけに、そのイメージがいまだに頭にこびりついている人が多いようである。20年経った今でも、ドラマが盛り上がるからか、そのような描かれ方をしている場面を時々目にする。買収されると、経営者は追い払われて、従業員はあらかたが解雇されて路頭に迷う。何もかも失い、会社には見知らぬ人たちがたくさんやってきて、まったく別の姿に変貌する――いわゆる「敵対的買収」だ。

中堅・中小企業は、オーナー社長あるいは一族でほぼすべての株を持っている。だから、自分たちが売りたくないと思う相手に勝手に会社を売られてしまうことはない。つまり、敵対的買収というのはありえないのだ。しかも今は、M&Aで会社を買いたい企業がひしめく売り手市場、むしろ相手をじっくり選ぶことができる。昨今行われているM&Aは、譲渡企業と譲受け企業が一緒になって新しい企業グループを作り、相乗効果を求めるために行う「友好的M&A」ばかりだ。

友好的M&Aの成功のためには、それぞれの事業に精通した従業員の存在が不可欠となる。職人技を持つ技術者や、古くからの顧客をがっちりつかんで離さない営業担当者、資材購入先との機微に通じている資材担当者、地域の事情に精通し、どこの学校から人材を集めどのような新人教育をするか経験豊富な管理部門のスタッフ等々――各部門のエキスパートがいなくなってしまったら、事業は成り立たない。M&Aしたのに企業の価値が大きく下がってしまっては、譲渡企業にとっても、譲受け企業にとっても大損害だ。だから、友好的M&Aにおいては「人」を何より大切にする。敵対的なM&Aとは、決定的に異なるのだ。

勘違い② M&A＝大企業がするもの？

もう一つは、こんな考え方だ。

「M&Aって、従業員が何千人もいる大企業がやるものでしょう？ 田舎の中小企業には縁がないね」

新聞記事にしばしば「業界大手の◯◯会社が海外△△会社を、□□□□億円投じて買収に成功」などと掲載されるため、てっきりM&Aはビッグビジネスの独壇場と思い込んでしまっている方も多い。中小企業のM&Aというのは基本的に公表されないため、新聞で報道されるのは必然的に大企業のM&Aばかりになるから、致し方ないことかもしれない。

確かにこうした巨額買収は印象に強く残るが、M&Aという手法そのものは企業規模に関係なく、中堅・中小企業でも活発に行われている。

例えば当社のM&A成約件数は、2020年実績で年間1000弱。支援する譲渡企業の規模は、売上高5億円以下が8割以上、従業員数は20名以下が5割以上を占める（2020年度当社成約データより）。ごく一般的にイメージされる「中小企業」といえるだろう。大企業のM&Aばかりがマスコミに紹介されるため目立たないが、この30年間で国内の中小企業同士のM&Aは根付きつつある印象だ。

正しく知り、自在に使う

M&Aは怖くない。日本企業の大多数を占める中堅・中小企業とかけ離れた世界の話でもない。それどころか、正しく理解して使うことができれば、中堅・中小企業の大きな味方となる。

「リテラシー」という言葉がある。必要な情報を抜き出し、活用する能力のことだ。インターネットなども含めたメディア媒体に対する知識とそれを活用する力は「メディア・リテラシー」と呼ばれ、コンピューターを活用する能力であれば、「コンピューター・リテラシー」と呼ばれる。これからの時代は、「M&Aリテラシー」という言葉が広がっていくだろう。

M&Aリテラシーを高め、激しく変動する時代を勝ち抜く。ニッポン総M&A時代を生き抜く経営者にとって、なくてはならない力である。

M&Aリテラシーを高めるファーストステップ

4　経営者なら必ず知っておくべきM&Aの今

本章では、経営者に知っておいていただきたいM&Aに関する基本情報も紹介していく。ここでは、M&Aの現状を見ておこう。

国内M&A成約件数はうなぎ上り

レコフM&Aデータベースの M&A件数の推移（図表2）によると、2020年に日本企業が関わったM&Aの件数は合計3730件。前年比8・8％の落ち込みとなった。M&Aの件数は2011年の東日本大震災を経て2012年以降右肩上がりで伸び続けていたが、コロナ禍で9年ぶりに前年比マイナスを記録した。ただし、M&Aの内訳を見ると

図表2　M&A件数の推移

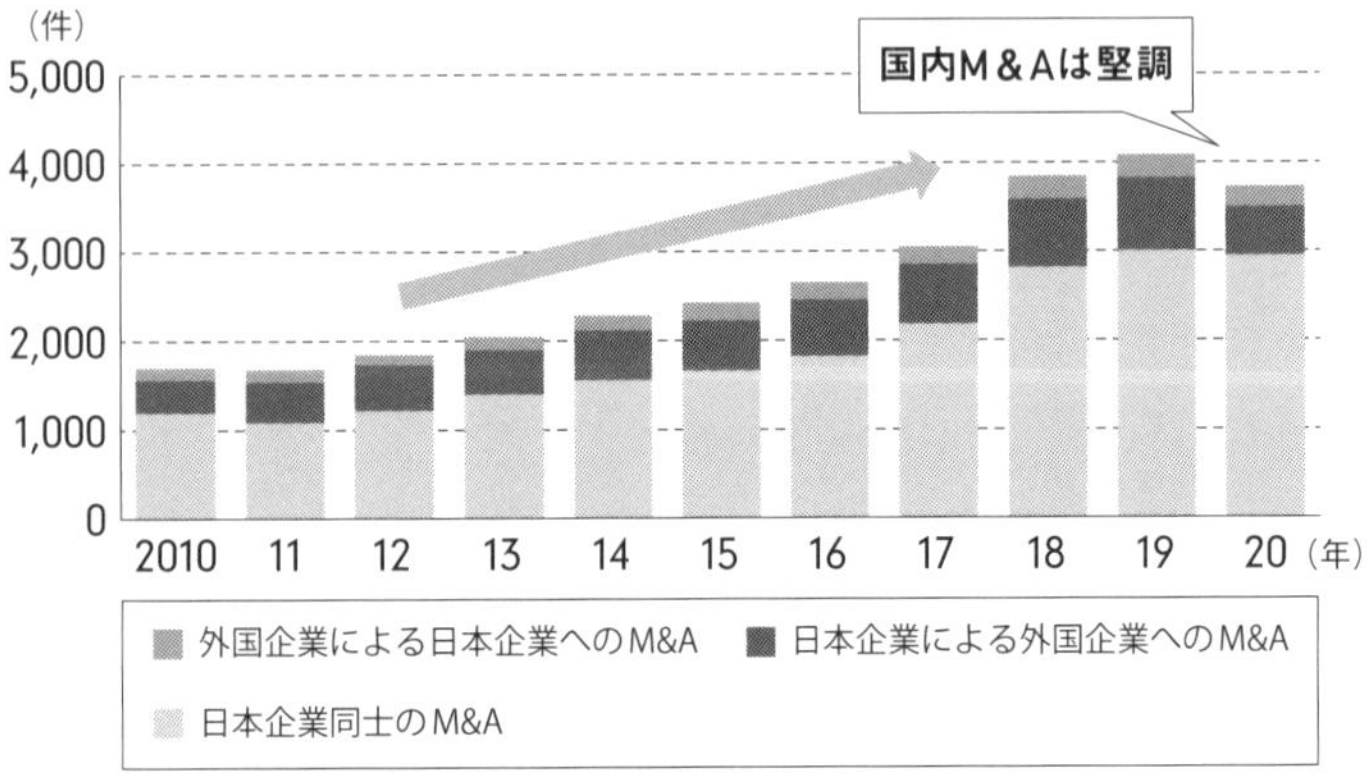

出所：レコフM&Aデータベースのデータをもとに再編加工

国内企業同士は２９４４件でわずか１・９％の低下にとどまっており、国内企業による海外企業の買収、海外企業による国内企業の買収といった、いわゆるクロスボーダー取引が大きく落ち込んだのが目立つ。海外渡航の制限など、ビジネス環境が激変したのが響いた。

国内企業が関わった（海外企業に対するM&Aも含む）M&Aは、２０１７年に初めて３０００件を突破、２０１９年には４０００件を超えるという破竹の勢いだったが、２０２０年にいったん鈍化した形となる。それでも件数ベースでは２０２０年の実績は２０１９、２０１８年に次ぐものであり、国内企業同士のM&Aが全体の79％を占めることを考え合わせると、M&Aは日本企業に完全に定着したといっていい。ちなみに、2021年1～6月の上半期におけるM&A件数は、過去最高となった。

なお、中堅・中小企業のM&Aに公表義務はないため、公表されていない非上場会社関連を含めると、実際の実績はさらに大きく増えるだろう。

本書で取り上げているように、事業承継や、業績アップのための体質強化という差し迫った事情があり、中堅・中小企業によるM&A成約件数はうなぎ上り。潜在的な案件を含めると、膨大な需要があると推定されている。

企業規模別　成長を呼ぶ万能の利器の使い方

M&Aは、大手企業、中小企業、小規模企業、起業家と、対象を選ばず使える経営手法である。また、承継問題のほか、閉塞感や業績の低迷といった悩みにも対応できる、企業成長のための万能の利器といえよう。では実際に今、どのように使われ、問題を解決しているか見てみよう。

①大手企業のM&A活用術

大手企業がM&Aを駆使して成長・拡大を目指しているのは、今さら説明するまでもないだろう。人口減を背景に国内市場がどんどん小さくなっているため、海外市場の開拓に熱心だ。海外企業の大型買収は、よくニュースになっている。決算発表の席上で、M&Aに関する中期経営計画を語る企業も多く見られるようになった。

もう一つ、大手企業がM&Aに望みを託していることがある。子会社の活性化だ。大手企業グループという拠り所があるからか、安定志向に走りがちな子会社は、業績が伸び悩むことが多い。この子会社を、M&Aによって生まれ変わらせる。他の企業と一緒になることで競争できる体質に変えるのだ。また、M&Aによって子会社を売却し、グループ再編を行うというやり方もある。M&Aで「選択と集中」を実現する。親会社の生産性を向上させるカギは、子会社のM&A施策にかかっている。

②小規模企業もM&Aで生き残る

中小企業よりさらに規模の小さい小規模企業でも、M&Aは活用されている。例を挙げて見てみよう。

図表3　大手企業・小規模企業・起業家のM&A活用例

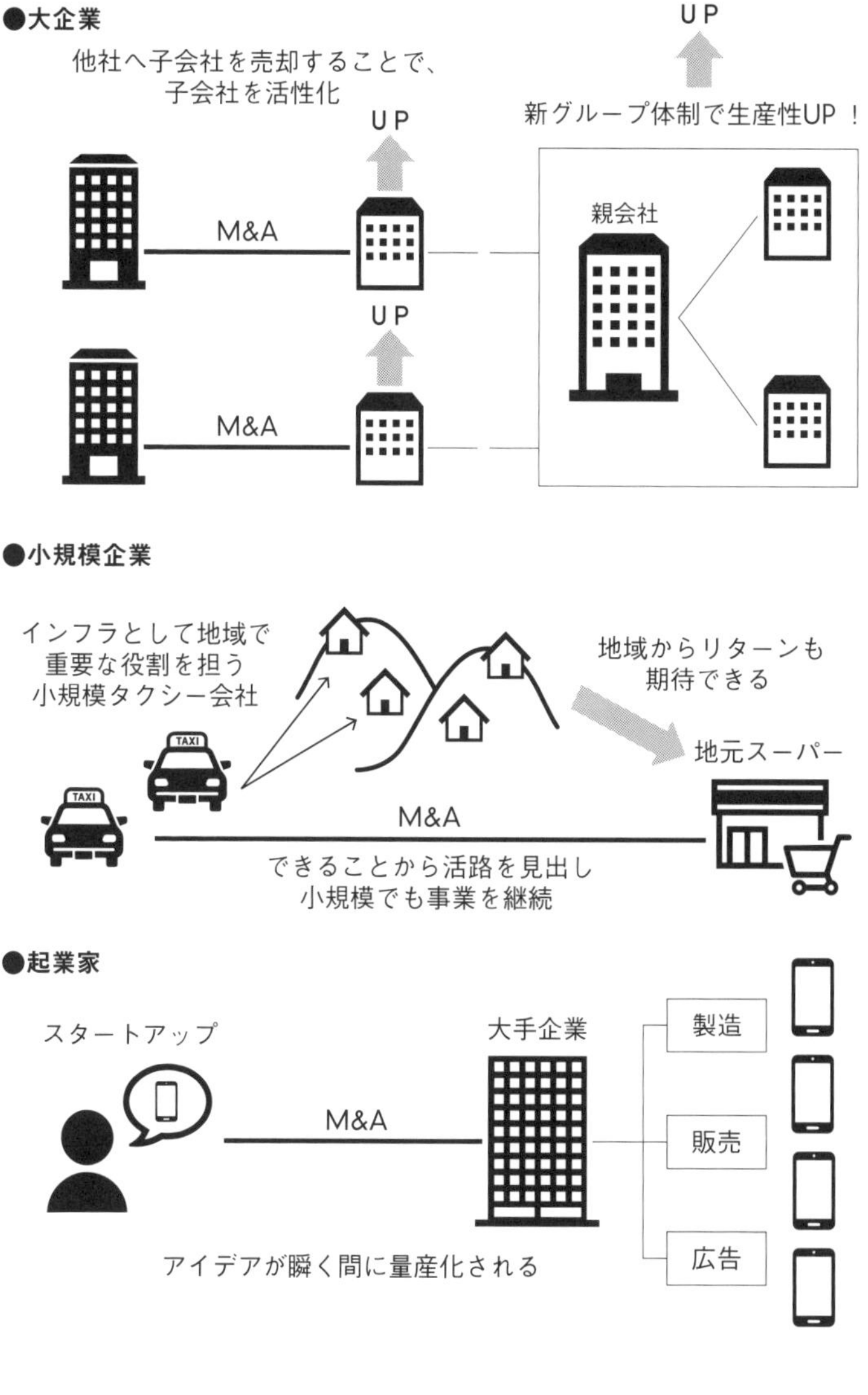

例えば、鹿児島県に保有台数8台のタクシー会社があったとする。大都市だったら、廃業という選択になったかもしれない。しかし、人口減で採算がとれずに困っていた同社を、地元スーパーがM&Aで買収する。

「路線バスもないこの地域では、タクシーは住民の足として欠かせない。食品を買いに行くにも、医者に行くにもタクシーを使っている。地域のライフラインをなくすわけにはいかない。買収して家とスーパーを往復できるサービスを提供しよう。スーパーの品物を、タクシーで売りに行ってもいい」

小規模会社だから採算ラインは低く、活路を開ける相手が見つかれば、小さな会社でもM&Aで存続できるのだ。

③起業家もM&Aを活用

スタートアップとされる起業家はどうだろうか。

IT等の分野に多い起業家は、斬新なアイデアをもとに事業化できそうなタネをつくることができれば、次のステップで事業のスケール（拡大）を目指す。しかし、スケールさせるには大きな資本を必要とするため、「自分の役割は終えた」とばかりに会社を売ってしまうことがある。

一方で、製造・販売のチャネルを持っている大手企業は、M&Aで新規事業を買い、事業立ち上げの時間を短縮して一気に成長への足がかりをつかみたい。時代の変化に対応するためには、大企業にとってもイノベーション（これまでなかった新しい発想のサービスや製品を生み出すこと）が必要だが、組織が大きいだけに、イノベーションを起こすのは極めて難しい。

そこで両者のM&Aが実現する。M&Aによって、起業家のアイデアは短期間で量産化へ歩みだす。かつてのように起業家の最終目的地は、上場（IPO）だけではなくなってきている。

また、PEファンド（プライベート・エクイティ・ファンド。未公開企業や不動産に対して投資を行う投資家や投資ファンドのこと。詳細は43ページ）が乗り出し、起業家に資金と人材と経営ノウハウを提供して、大きく成長させることも最近では増加した。さらには、後継者難で廃業を考えている中小企業の経営資源を引き継ぎ、創業に結びつけるM&Aも増えている。

当社ではサーチファンド（個人版M&Aファンドとも呼ばれる企業投資の仕組みの一つ。

経営者を目指す優秀な個人が、有望なM&A候補企業を探すうえで資金を募る方法）で「後継者不在企業」と「起業したい若手」を結びつける支援も行っている。

M&Aリテラシーを高めるセカンドステップ

5　今さら聞けないM&Aとは何か

より強い関係性を築くM&A

本節では、M&Aが何たるかをもう少し詳しく見ていこう。

売り手にとってM&Aは、自力では困難な会社の存続や成長を他社の手を借り可能にする、〝飛躍〟のための戦略だ。他方、買い手にとってM&Aは、すでに確立している事業モデルや技術を手に入れることができるため、一から自力で育てるより断然早くねらった市場に参戦できる。スピード感があり、〝時間を買う〟戦略といえる。このように、他社の力を借りて企業を成長させるルートは、M&A以外に、提携（アライアンス）という方法もある。

しかし、資本主義経済の下でがっちりした縁組みを実現するには、M&Aのほうが効果的だろう。譲渡企業の経営権を取得することでより強い関係性を持つことになるため、企業間の連携もとりやすくなり、より高いシナジー効果を得られる可能性も高まる。

とはいえ実際には、事業提携・資本提携・M&Aをミックスしたようなケースもあり、多彩である。

基本は現金で株式譲渡（取得）

M&Aとは、Mergers and Acquisitions（合併と買収）の略。これまで企業間では、合併、買収、子会社の切り離し、事業譲渡、株式交換といった様々なスキーム（方法）を用いて、経営の統合や再編が進められてきた。その様々なやり方を総称して、M&Aという表現が使われている。

M&Aの中で圧倒的に多いのが、株式譲渡で会社を売り買いするケースだ。では、どの

図表4　株式譲渡と株式交換の違い

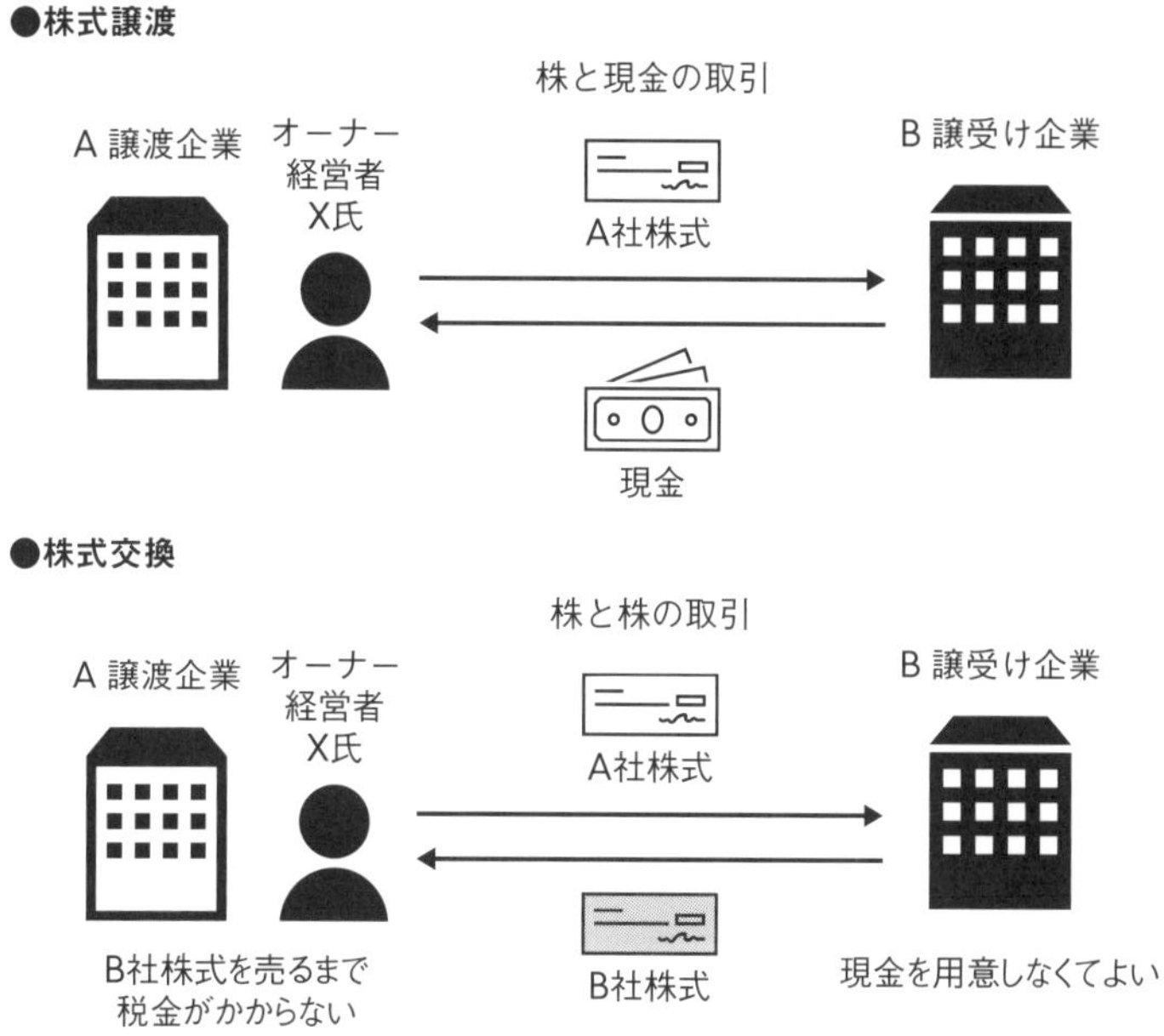

ように行うのかというと、オーナー経営者（X氏）が保有するA社の株式を譲受け企業であるB社に譲渡して、その対価としてB社から現金を受け取るというのがごく一般的（買い手のB社からすれば株式取得となる）。恐らく、中堅・中小企業のM&A案件の9割はこれだろう。この手法が最も簡便で、時間と手間がかからず、しかもわかりやすいので普及している。

あまり行われないが、株式

譲渡の他に株式交換という方法もある。X氏は現金の代わりに相当額のB社の株式を受け取る、というものだ。そのメリットは、X氏にとっては株式を売るまで税金がかからないことや、B社にとってはM&A時点で現金を用意しなくていいことなどが挙げられる。A社とB社が成長すれば株価も上がるので、譲渡後の楽しみになるという人もいる。ただ、B社は基本的に上場会社でなければならない。しかし、株式価格は下がる可能性がゼロではないし、一気に大量の株式を売れないよう制限がつくこともあるため、やはり現金をすぐに受け取れるほうがありがたい、という経営者も多く、現金での株式譲渡が主流となっている。

ちなみに、株式譲渡の場合、譲渡したA社の会社としての法人格は残る。経営権と経営陣が変わることになるが、会社がなくなるわけではないし、社名を残すこともできる。案件自体少ないが、合併（ほとんどが吸収合併）の場合は、A社はB社に吸収されるためA社は消滅する。そこが違いだ。

中小企業の株式がM&Aに与える影響

中小企業の株式の多くは非公開で、しかも所有者は社長を含むオーナー経営者一族であることがほとんどだ。これが、M&Aの進め方に多少影響を与える。

1つは、株式が非公開であるため、株価が算定しにくいことだ。M&Aで肝心な企業の価値がわかりづらいと、売るにも買うにも躊躇する場面が増える。

売り手は、「本当に、この提示額で譲っていいのだろうか」と迷い、買い手は、「この事業規模なら、買収価格をもっと下げても大丈夫では」と迷う。

経営者の迷いは当然だろう。第三者に対して自社の株式を売買するときの株価は、早い段階で知っておきたい。M&Aの相談に来られた経営者から、「相続税評価額を税理士に算定してもらっている」と聞くことがあるが、相続税評価額とM&A評価額はまったく異なる。M&A評価額を一度算定してみることをおすすめする。

M&A評価額は、中小企業M&Aの取り扱い実績を多数持つ専門会社であれば、過去の類似企業のM&A取引価格に基づいて算出してくれる。不動産価値を試算するのに似ていると言えばわかりやすいだろう。例えば、土地の価格は坪数だけで決まるわけではない。東京都世田谷区の30坪であれば、近隣、または似た条件の土地がいくらで取引されているかをもとに算出する。過去の取引実績が多ければこのような手法が可能となる。私たちのグループ企業である企業評価総合研究所でも、オンラインで無料かつ簡易に試算できる企業評価システムを提供している。

さて2つ目は、株主＝社長一人、あるいは株主＝複数の親族、というケースが多いことだ。

上場企業には、株主が数万、数十万人といる。社長の株式持ち分は数％ということも少なくない。つまり、上場企業は所有と経営が分離している。

一方、中小企業は所有と経営が一体となっている。そのため、株式はオーナー経営者の一存で譲渡が決まる。株式を複数の親族で所有している場合でも、譲渡制限がついているため親族が勝手に株を売ることはできず、必ず役員会の承認が必要となる。オーナー経営者の意にそぐわない強引なM＆Aはない、という話は本章3節の「勘違い①」でも述べた通りだ。

言い換えれば、オーナー経営者の描く成長ストーリーが、すべてを左右する。オーナー経営者は会社の運命を、自分で決定する責任を背負っていることになる。

譲渡先は、事業会社以外にもある

M&Aの譲渡先は、相乗効果をねらった事業会社が中心となっているが、実はもう一つ選択肢がある。ファンドだ。近年、ファンドの人気は急速に高まり、ファンドを利用するM&Aはトレンドになりつつある。

ファンドは「基金」という意味もあるが、そもそもは集団投資のこと。みんなで資金を集めて、何かに投資する。例えば、ヘッジファンドは多くの投資家から集めた資金を株式、債券など証券類などに投資して、高い運用収益を得ようとする。不動産ファンドと言えば投資先は不動産、商品ファンドと言えば投資先は貴金属や原油などになる。上場会社への投資が投資信託であるならば、未上場会社への投資があってもおかしくない。これをPE（プライベート・エクイティ）ファンドという。代表的な出資者は、一般の投資家ではなく機関投資家と呼ばれる銀行や政府系金融機関など大口の投資家である。数年間資本を投

図表5　PEファンドのしくみ

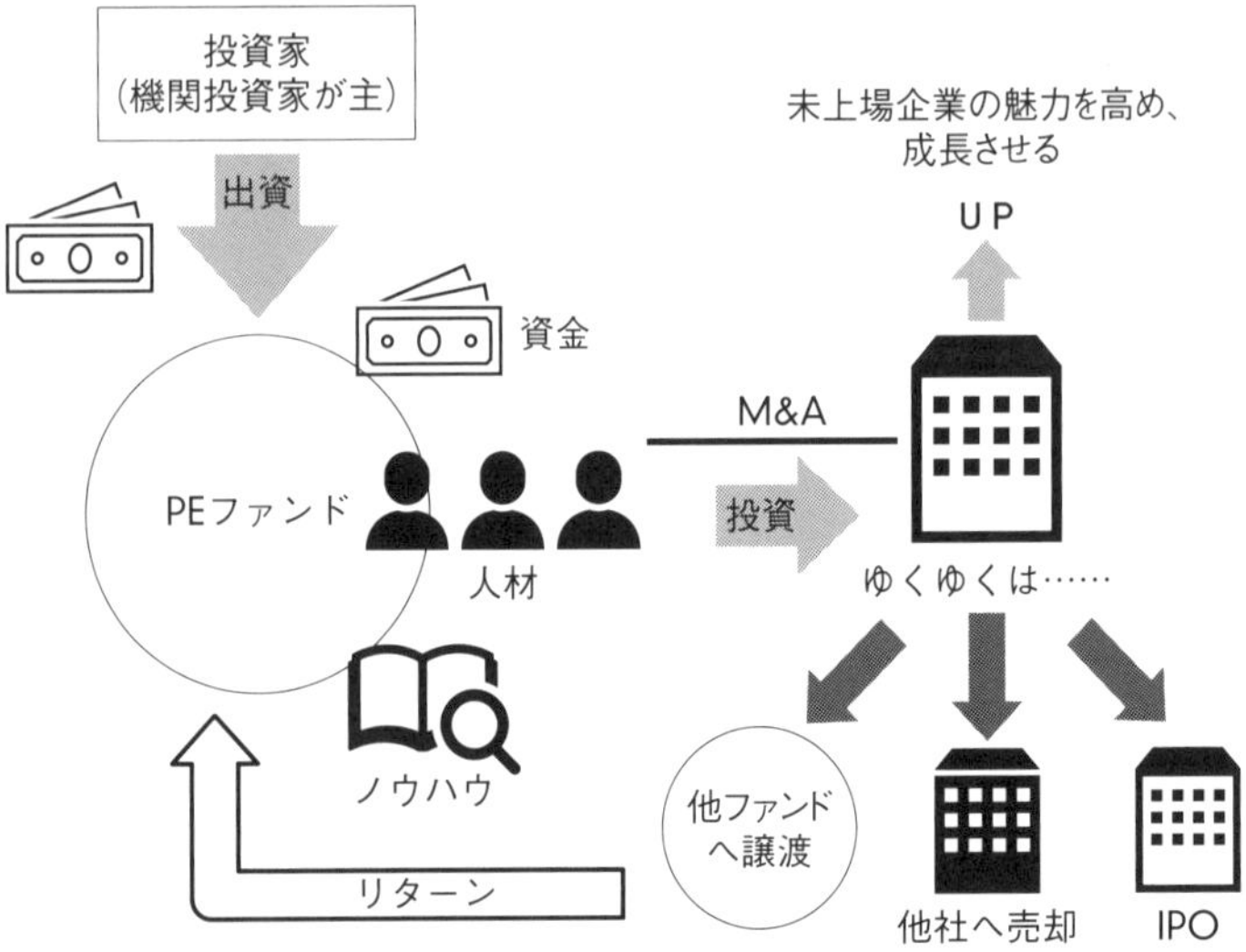

じて企業の魅力を高め、その会社をさらに成長させられる企業等に売却することで、機関投資家は利益を得る。

この10年、日本ではPEファンドが数多く生まれた。独立系、銀行系、商社系、外資系、政府系などがあり、中小企業に特化したものも目立つ。その水準向上はめざましく、PEファンドに対するイメージも好意的なものに変わってきている。

アメリカでは、PEファンドはすでに社会インフラとなっている。会社を売ると言ったらPEファンドへ売ること、会社を買うと言ったらPEファンドから買うこと、というくらい一般的になっている。

M&Aの相手先を事業会社とするか、PEファンドとするか、その違いを整理してみると、PEファンドの特徴が浮かび上がる。

M&Aが実行されると、主要ポジションに譲受け側から人材が送り込まれるのが通例だ。事業会社が買収した場合は、その人材交流をベースとして、譲渡・譲受け両企業の事業の相乗効果を追求する。

これに対して、PEファンドが注力するのは、譲渡企業自体の価値向上である。つまり、譲渡企業だけにフォーカスするのだ。一定の方式はないが、一般的には部門ごとに目標を設定し細かな戦略を練る。また、人材が各部門に適切に配置されているか、社員の士気を高めるにはどうするか、営業先は適切か、新規顧客を開拓する余地はないのか、在庫状況は、仕入れ価格は……などをチェックする。あくまで譲渡企業の得意分野を伸ばし、未整備な部分を補強する点が、PEファンドの特徴なのだ。「家庭教師」のような存在と言ってもいい。マンツーマンで生徒に合った指導をし、生徒は短期間で成績を上げる。ファンドと組んで、会社の成長を委ねる選択肢もあるということを知っておいてほしい。

PEファンドで自社のカラーを大切に、また上場の加速を実現

PEファンドを活用する目的は、大きなもので2つある。

1つは、「会社を特定の事業会社に売りたくない」という場合である。事業承継や成長戦略で、第三者の資本やノウハウを取り入れたいが、業界が狭く、M&Aの相手はライバルでもある顔見知りの企業ばかりというケースや、自社製品のブランドや独自性を大切にしたいというケースが挙げられる。

この場合、PEファンドは「買い手の色」がつかず、好都合である。事業会社だと、どうしてもその会社の色、社風に感化されていくが、ファンドにはそれがないからだ。

また、PEファンドは人材、豊富な資金、新しい経営ノウハウを用いて、会社を成長に導いてくれる。しかも、しがらみがないため、業界の慣行などに縛られずに経営改革を進めていくことができる。自社のカラーを大切にできる点も魅力だろう。

もう1つは、「なるべく早く上場（IPO）を実現したい」という場合である。

経営者としては上場を果たしたい。しかしもう60歳を過ぎ、残された時間は限られている。自分の経営力、資金力、ビジネス構築力だけでは、あと数年で実現することは難しい……といったケースも、PEファンドが役に立つ。

例えば、PEファンドの指導の下、ヒト・モノ・カネを導入してもらい、シナジー効果のある企業を買収し、飛躍的な成長を目指す。そして5年後、ついに上場を果たす。上場支援を得意とするPEファンドであれば、夢物語ではない。

また、それに伴う資産の増大も予想できる。①PEファンドに株式の70%を譲渡する際、株価が20億円なら、14億円のキャピタルゲイン（譲渡益）が手に入る。②上場後、PEファンドは譲渡益を得るため、70%の株式を売却する。自分は、30%の株を所有している「創業オーナー社長」となる。仮に株価が時価総額300億円となれば、90億円の株式資産を持つことになる。③さらに業績を上げて上位の市場に上がり、時価総額700億円をつければ、210億円の株式資産を所有することになる。

夢のIPOを果たせ、上場企業のオーナー社長としての名誉も手に入れ、一族には数百億の資産を残して繁栄に導くことも可能なのだ。

M&Aに関与する人々

前述以外にもM&Aの手法はいくつかある。例えば、株式を譲渡する以外に、事業を一つずつ切り分けて他社に売却する事業譲渡という手法もある。そういった手法を部分的に組み合わせるなど、実際の活用はバラエティに富んでいる。その中から自社にとって最適な方法を経営者が選ぶのは、至難の業だ。信頼できるM&A専門会社に相談するのが一番である。

M&Aの手続きの中には、法律、会計、税金、融資などの実務的な専門知識が必要となる場面が多々ある。それらは、弁護士、会計士、税理士、銀行員など、専門家の力が不可欠だ。だが、彼ら全員がM&Aに詳しいとは限らないので、どの専門家を選ぶかには注意が必要だ。

また、M&A自体をスムーズに遂行できる「コンダクター」も必要となる。それぞれの

図表6　M&Aを支援する機関・専門家

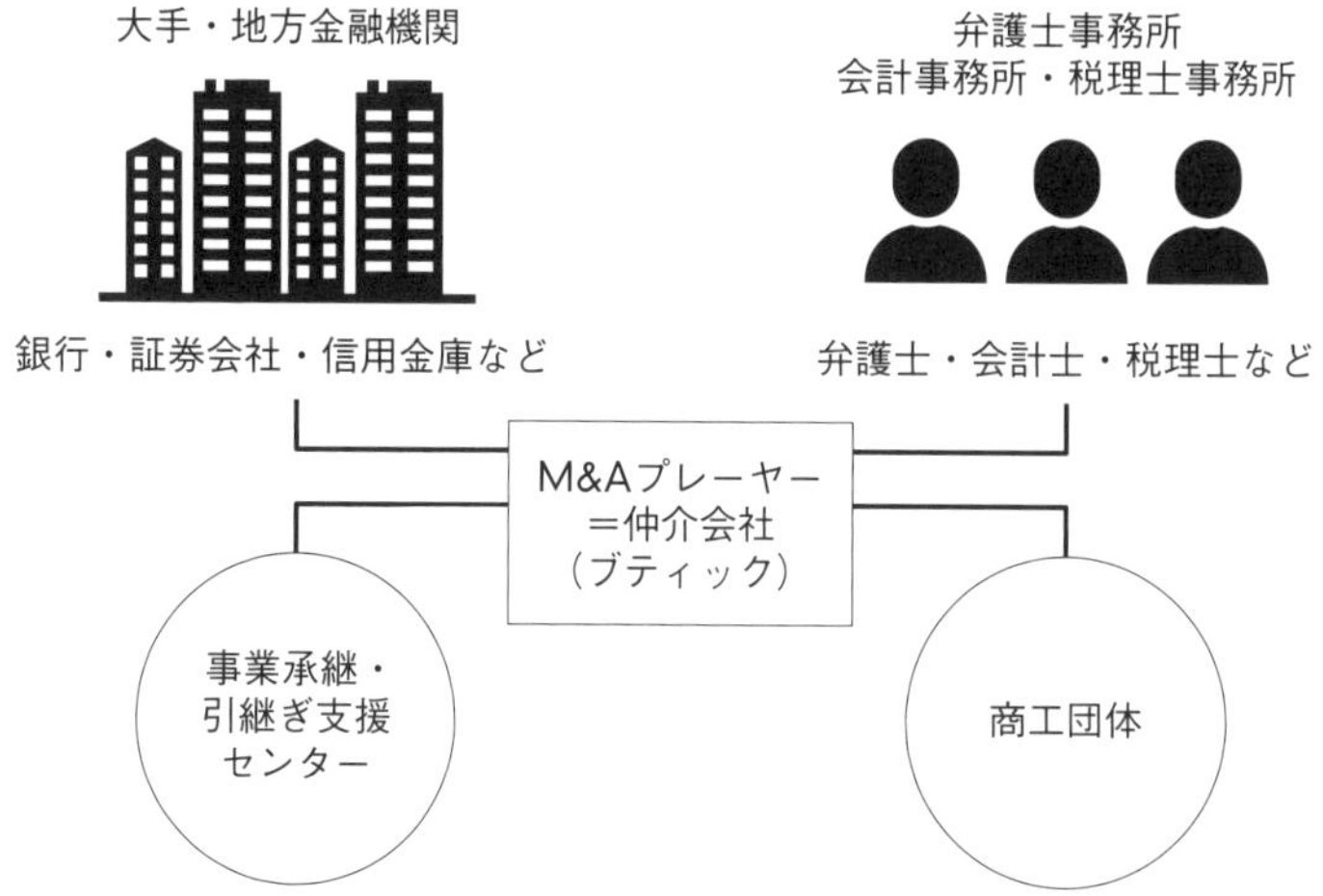

専門家に要所要所で依頼を出し、あるときは難解な専門用語をわかりやすく説明する「通訳者」ともなり、あるときは売り手と買い手のちょっとした行き違いを取り持つ「立会人」ともなる。それが、M&Aプレーヤーと呼ばれる会社や個人だ。

M&Aプレーヤーは、その取り扱う企業の規模によって色分けがはっきりしている。必要とされるノウハウや考え方も大きく異なるのだ。

国際市場で展開されるビッグディール（巨大M&A）は、アメリカなどのバルジブラケットと呼ばれる超大手銀行が中心になって行われる。

国内の上場会社のM&Aや、日本とアメリカ、日本とEUなどのM&Aでは、IBと呼ばれる大手証券などの投資銀行がファイナンシャルアドバイザー（FA）の主役となる。メガバンクや大手監査法人のM&Aアドバイザリー部門も活躍する。日本の独立系ではGCA株式会社が有名である。

中堅企業から中小企業のレベルになると、M&A仲介を中心に行っている日本M&Aセンター、ストライク、M&Aキャピタルパートナーズといった専門会社（ブティックと呼ばれる新興仲介会社も含む）がメインのプレーヤーになる。

とはいえ、普段から馴染みのある業種ではない。M&Aについて知りたいと思ったときにどこへ声をかけたらいいか、迷うのも当然だ。

そんなとき、まずは周囲にいる人に声をかけてみてほしい。付き合いのある銀行員、証券外務員、税理士の先生、あるいは各都道府県にある事業承継・引継ぎ支援センターなどに話をすれば、きっと知恵を授けてくれる。一人で悩むことはない。誰かに相談し、M&Aの検討を始めたとしても、どうしても乗り気になれなかったら、途中でやめることだってできる。大切なのは、とにかく行動を起こすことなのだ。

6 動き出した政府の施策

政府による中小企業のM&A支援策がスタート

本章の最後に、中小企業を支援する国の施策について、簡単に紹介しておきたい。

中小企業のM&A熱が高まるのを背景に、政府による中小企業M&A支援・体制整備が急ピッチで動き出した。2020年に「中小M&Aガイドライン」、さらに2021年には「中小M&A推進計画」を策定。中小企業のおよそ3社に2社で、後継者のメドが立たず廃業に陥る危機が迫っているという現状が、国の背中を押している。

中小企業の体質強化は、国家戦略の要だ。M&Aで後継者難を解決に導き、同時に生産性を一気に引き上げて、海外企業との競争に負けない力をつけようとしている。

中小M&Aガイドライン

中小企業庁は2020年3月に「中小M&Aガイドライン」を策定した。2015年に作った「事業引継ぎガイドライン」を、その後の情勢変化を踏まえて全面改訂し、後継者不在に悩む中小企業向けの手引書とした。内容は、以下の通りである。

①M&Aを、実際どのように活用すればよいのかわからない中小企業に向けた支援の手引

②M&A仲介会社や金融機関など、M&Aをサポートする支援機関向けの行動指針

①初心者向けのわかりやすい手引

手引では最初に、約20のM&A事例を紹介している。

「経営状況が良好でない中小企業においてM&Aが成立したケース」「従業員の反対にもかかわらず成立したケース」「廃業を予定していたもののM&Aに持ち込んだケース」など、中小企業が興味を持ちそうな事例が取り上げられており、きっと多くの経営者がM&Aをより身近に感じることができるはずだ。そのうえで、M&Aに向けた事前の心構えや、

用意しておくべきものといった留意点が挙げられている。

また、M&Aのプロセスや、仲介手数料についても、わかりやすく解説されており、見本となるような契約書のひな型も掲載されている。会社の譲渡（M&A）を何度も経験することはほとんどなく、M&Aは一度きりという経営者が大半だ。こうした初心者向けの丁寧な説明は役に立つだろう。

②支援機関に求められるサポート内容や注意点を明示した行動指針

M&Aはほとんどの場合、支援機関のサポートを得ながら進められる。中小企業のM&Aが急拡大・急成長しており、新規参入業者が急増していることもあって、行政の立場から各種支援機関向けに基本的な行動指針を策定したものがこれだ。

基本姿勢は、「各機関はそれぞれが持つ専門知識をフルに生かしてM&Aがスムーズに進むよう努め、さらに依頼者（顧客）である中小企業の利益に真に忠実に動くこと」としている。M&A業務のキー・プレーヤーであるM&A専門業者、加えて、金融機関や、公認会計士、税理士、中小企業診断士、弁護士などいわゆる士業関連の専門家、さらに商工団体などに対して、支援内容や留意点を明示すること、それぞれの専門・役割に応じて互いに連携しながらバックアップすることを強調している。

私は、このガイドラインはとても重要な存在だと思っている。リーディングカンパニーとして業界の信頼性の向上に取り組んでいるが、業界全体に波及させるためにはガイドラインは必須だ。また、中小企業庁が旗振り役となることで、官民の連携が進み、社会に広くM&Aが認知されるきっかけにもなった。

中小M&A推進計画

「中小M&Aガイドライン」に続いて、中小企業庁は2021年4月、「中小M&A推進計画」を作成した。中小企業にとってのM&Aの意義を挙げ、実現のためにどうしたらいいか、今後5年間の道筋を明らかにしたものだ。主に次の4つにまとめられている。

①中小企業の承継問題だけでなく、新たな創業へと導く

経営者の高齢化を背景に、政府はこれまで事業承継の一つの手段としてM&Aを推進し

てきた。しかし、この計画ではもっと広い観点から中小企業のM&Aの意義を挙げている。具体的には、1．廃業によってせっかくの経営資源が散逸するのを防ぐ。2．他社の経営資源を活用し、生産をアップさせる。3．経営資源の引き継ぎを希望する創業者が増えていることから、リスクやコストを抑えた新たな創業の形を生み出す、この3つだ。

このように大きな役割を担うM&Aであるが、それを実現するために注力する点は何か。そこで、案件規模に応じたきめ細かな対応が必要だとした。次の②③である。

②膨大な数が潜在的に存在する小規模・超小規模M&Aのサポート体制の強化

〈売上1億円未満の譲渡側企業群の案件〉

地方を中心に事業承継に悩む企業が多いが、規模が小さい会社はコストのかかるM&A支援機関のフルサービスを受けにくい。

このため2021年4月に登場したのが、事業承継・引継ぎ支援センター。全国各地の都道府県でM&A支援を行う事業引継ぎ支援センターと、親族内承継の支援を行う事業承継ネットワークの機能が統合して改組されたものだ。この事業承継・引継ぎ支援センターと商工団体、地域金融機関といったM&A支援機関がネットワークを結び、官民の協力によって安心して取引できる環境を整える。

それと同時に、インターネットを使ってウェブ上でマッチングを進めるM&Aプラットフォーマーの活用を促進させる。近年は、大幅な拡大を見せている分野である。当社でもグループ会社として2018年にバトンズというオンラインマッチング会社を設立した。バトンズは、売上1億円未満の小規模企業や個人事業者、個人を対象としている。ユーザー登録数は10万人を突破し、さらに累計成約案件数も600件を超えて急成長中だ。最近はテレビなどで取り上げられることも増えた。現在は、従来のM&Aコンサルタントによるマッチングに加え、バトンズを利用したマッチングのサポートを拡充している。

③大規模・中規模M&Aは、M&Aリテラシーの向上とPMIに注力
〈売上1億円以上の譲渡側企業群の案件〉

M&Aを希望する中小企業側にM&Aに通じた人材がおらず、支援が妥当なのか判断できないという問題がある。そのため、簡易な企業価値評価システムの提供や、他のM&A支援機関から意見を求めるセカンド・オピニオンの導入などが急がれる。

また、今後の課題となるのが、M&Aが実行された後の経営統合（PMI：Post Merger Integration）だ。M&Aは、成約して終わりではなく、その後が肝心だ。PMIに対する認識が薄いままでは、事業成長にも差し支えてしまう。M&Aを成功させるためには、M&Aの手続きを進めているうちから相乗効果を生み出すためのプロセスや課題の洗い出しなど、十分な準備と検討をすべきだ。

当社ではPMIの必要性を早くから認識し、研究を重ねてきた。

譲受け企業は、譲渡企業と一緒に、いかにうまくPMIを行い、大きな相乗効果を出していくかが最大のテーマとなる。このための準備は、最初のトップ面談に始まる。トップ面談で譲渡企業オーナーに悪い印象を与えてしまったら、買収後の経営統合に協力してもらえないからである。その後も、デューデリジェンス（DD、買収監査）、成約式、社員発表、などのすべてのプロセスでも気を使ってPMIを成功させなければならない。当社グループでは、これらのノウハウを日本PMIコンサルティングという会社に蓄積させている。

同時に、譲渡企業オーナーへの配慮も必須である。

長年会社を経営してきた経営者が、会社存続のためにM&Aを決意したのである。当社では、その栄誉を称えるため、盛大に成約式を演出する。さらに、経営者の人生と企業経営、そしてM&Aを決意した志を一冊の本にした『THE WAY』を作る。『THE WAY』を取引先、ロータリーやゴルフの仲間、金融機関などに配布することで、地域社会での名誉が高まる。また、子どもや孫たちに残すことによって「伝説のおじいちゃん」になる。

このようにして、一つひとつのM&Aを成功に導くことが、127万社の廃業危機を救う道につながると確信している。

④企業の意識改革、M&A業界のレベルアップ

案件規模別の施策と合わせ、M&Aでの問題解決を促す土壌を整えることも、忘れてはならない。そのために、1．事業承継に早めに取り組めるよう意識改革の活動をしたり、2．中小企業のM&Aに特有な制度的課題を特例措置で解決したりすることを挙げている。なかでも注目したいのは、3．M&A支援機関の質を確保する仕組みづくりだ。

中小企業庁は、M&A支援機関に関わる登録制度を開始した。登録を受けた仲介会社等を中小企業が利用する場合、各種の補助金を活用できる。また、2021年10月にはM&A仲介上場5社が中心となり、M&A仲介等にかかわる自主規制団体「M&A仲介協会」

を設立した。「中小M&Aガイドライン」をはじめとした法令・制度の啓蒙、M&A支援人材に対する教育・研修機会の提供、事業承継・M&Aに関する相談窓口の運営などを行い、中小企業がよりM&A支援を受けやすい環境整備に努める。

仲介会社の登録制には私も賛成だ。M&A仲介に対して一定の業務品質の維持向上が図られることになると思うからだ。新規参入した事業者でもガイドラインの遵守と報告義務が課されることで、取引の円滑化と透明化に期すると考えている。

登録制度とM&A仲介協会により、M&A支援機関、とりわけM&A仲介会社の健全な発展に大いに役立つだろう。今後は、同業他社とも協業関係を築くことで、中小M&A市場のさらなる拡大に貢献していきたい。

官民タッグで中小企業のM&Aを支援する

中小企業の存続と成長という大きな命題を達成するために、官と民がタッグを組んだ形で、より実りのある中小企業のM&A支援が進むことは、喜ばしいことだ。まだ始まったばかりだが、大いに期待しているし、当社も協力を惜しまない。

だからもっと声を高く上げ、全国津々浦々の経営者に届くように周知してほしい。M&Aで多くの悩みは解決できることを。そして、企業をとりまくすべての人々が笑っていられる日常は、M&Aを活用することで守れることを。

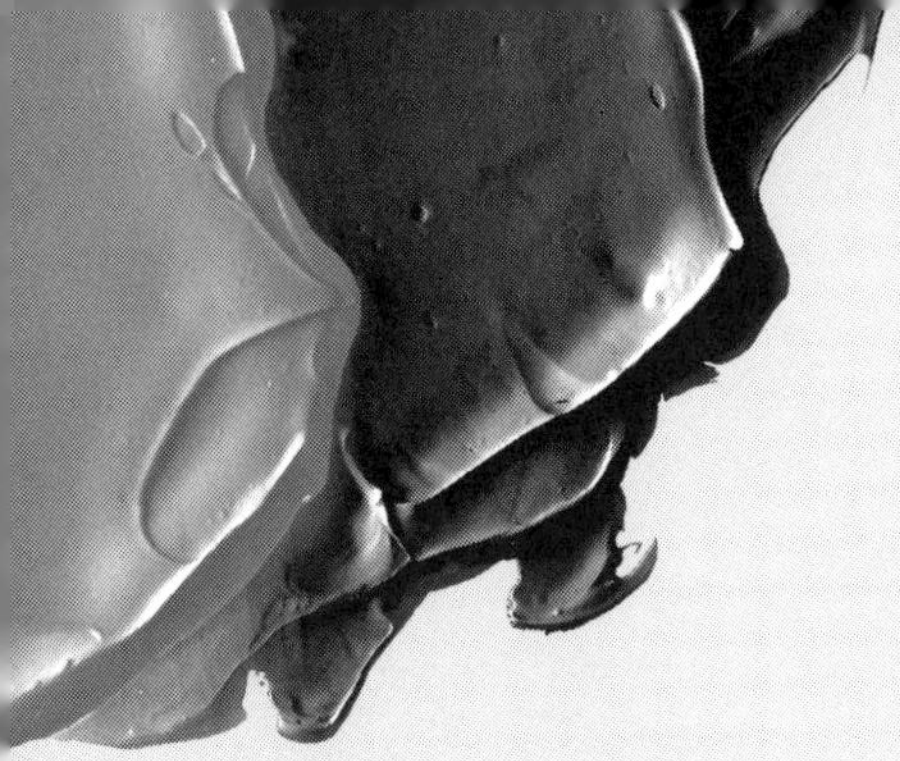

第2章

M&Aで解決できること 6つのストーリー

いろいろな境遇、様々な課題すべてはM&Aで解決できるさあアクションを起こそう!

M&Aへの入り口は、千差万別だ。

経営者が抱えている問題は、100の会社があれば、100通りある。それに対し、100のパターンで対応するのがM&Aと言っていい。それぞれの事情によっては、思いもよらないM&Aの活用法もあるだろう。

M&A案件の成立はゴールではない。M&Aはあくまで企業の持続・成長のための道具である。M&Aによって、生み出された新たな企業グループがどんな歩みを進めるか――。今後の企業の将来は、それにかかっている。その意味では、M&A案件の成立が新たな出発点となる。

新しい資本提携が順風に帆を上げて航海に乗り出せるよう、どのようにM&Aを成立させていったか。6つの事例を次に挙げよう。いずれも実際の案件で、実名で掲載することを快諾いただいた。経営者たちが思い悩み解決へ至った実話は、今実際に迷っている経営者にとってのヒントがちりばめられている。参考になることも多いはずだ。そして、その知恵を今度は皆さんが生かしてほしい。

CASE①

M&Aで後継者問題を解決し、従業員の雇用を守る

譲渡企業

有限会社笹倉製作所

業種：金属加工業
本社：富山県
売上高：約4億円

×

譲受け企業

名古屋特殊鋼株式会社

業種：鉄鋼一次製品卸売業
本社：愛知県
売上高：約105億円

親族にも社内にも後継者が見つからない。従業員の幸せのためにも、事業を継続させるには？

事業承継、どこに相談すれば？

「会社を引き継いでくれる人がいないんです。二人の娘のうち、長女に継いでほしいと願って10年以上説得をしましたが、私には向いていない、の一点張り。そうこうするうちに、娘たちは就職して結婚し嫁いでしまいました。従業員に有望な者はいるのですが、億を超える借入金の個人保証を引き継ぐとなると……。ご家族の同意も得られなかったそうです」

「創業以来50年間、二人でがんばってきました。夫は仕事人間ですから、もっと仕事を続けたい、まだできるはずだ、という気持ちがあるのはよくわかるのですが、70代後半ともなると体のほうがいうことをきかなくて」

笹倉製作所の笹倉社長ご夫妻が、富山県の事業承継・引継ぎ支援センターを訪れたのは、2018年夏のことだ。事業承継・引継ぎ支援センターは、各都道府県の産業振興関連の組織内に設置されており、文字通り事業承継の相談を無料で受け付ける公的な存在だ。独立行政法人である中小企業基盤整備機構（中小機構）が各地のセンターをサポートする仕組みを作っている。その存在を人づてに聞いた笹倉ご夫妻は、「従業員約40人の雇用を守りたい」と藁にもすがる思いでその門を叩いた。

同センターの相談員は、親身になってご夫妻の話に耳を傾けた。

「ご事情はよくわかりました。この際、第三者への承継を検討なさってはいかがでしょう。M&Aという方式です。ひと昔前までは心理的な抵抗を示す方がおられましたが、今は世間の受け止め方が違います。『よくぞ事業を存続させる決断をしてくれた』と、お取引先もM&Aを歓迎する時代です。広く県外からも相手先を探すために、全国ネットで情報を持っているM&Aの専門会社に話をつなぎましょう」

そうして相談員が紹介したのが、日本M&Aセンターだった。

夫婦二人三脚で築いた信頼と実績、技術力を持った従業員を、未来へつなげたい

笹倉製作所は金属加工、それも材料の研削・研磨加工を得意とするほか、一部機械部品の製造も手掛けている。金属材料を仕入れて建設機械向け部品を製造したり、メーカーから材料の支給を受けて産業機械や工具、自動車部品向けに研磨加工したりする。そのため

工場には様々な研削盤が並ぶ。NC付円筒研削盤、立型両頭研削盤、自動精密内径研削盤……。機械の扱いが大好きな社長の勲さんは、いつも現場にいる。若いころには地元の名門機械メーカー、不二越で腕を磨き、その後創業した経緯があるだけに、根っからの職人肌なのだ。妻の加代子さんは、経理などを一手に引き受ける。二人で育ててきた会社である。

従業員は金属加工の技術を継承していて、新規の材料加工など難しい注文が飛び込んでも応えられるのが自慢だ。製品の納入先は、不二越をはじめ地元に古くからある機械関連会社が中心。地味だがコツコツと安定した品質の製品を納入してきた実績が、取引先から高く評価されている。財務状況は、直近の見かけは若干の債務超過となったが、これは2018年の工場設備導入時に加速償却したのが主因で、土地の含み益などを考えると、大きな問題ではなさそうだ。培った技術と充実した設備投資で優位性がある会社、といえよう。

2019年2月、笹倉製作所と日本M&Aセンターは、提携仲介契約を結んだ。しかし、当社担当者の吉丸は、本件を紹介してくれた事業承継・引継ぎ支援センターに、引き続き訪問時には同行して、笹倉製作所の相談にのってほしいと依頼した。勲さんが、相談員に厚い信頼を寄せていたからだ。同席してもらったほうが、リラックスして話し合いができるだろうと判断した。相談員自身、同社の先行きを心配しており、快く同行してくれた。

「廃業してしまうのは、あまりに惜しい。高い技術力を支える20代から40代の働き盛りの従業員が、たくさんいるんです。彼らの生活を守りたい」

笹倉製作所を二人で訪問し、事業や従業員にどうなってほしいのか、自分たちの人生をどうしたいのか、などを夫婦でゆっくり話し合ってもらった。50年かけて築いてきたものだ。そう簡単に決められるものではない。急ぐだけでは、納得のいく結果は得られないのである。

バトンを託せる相手、最後は〝心〟で決まる

一方で、笹倉製作所に関心を持つ譲受け企業探しも進める。その過程で、名古屋特殊鋼が浮上した。

同社は金型製作と鉄鋼一次製品卸業を主力としているが、関連会社の北陸精鍛が自動車の鍛造部品を製造していた。金属を金型で圧縮して強度を強め目的の形状に成型する仕事

だが、その後工程として笹倉製作所が得意とする製品の研磨加工作業が加われば、付加価値がぐんと高まる。名古屋特殊鋼にとっては関連会社の強化、ひいては自社グループの業容拡大につながる話だ。北陸精鍛は、2012年に名古屋特殊鋼がM&Aによって譲受けした企業で、石川県かほく市にある。笹倉製作所との距離は車で1時間ほど。製品の搬送や両社間の打ち合わせなどもスムーズに行える。

さらに名古屋特殊鋼の特筆すべき点は、グループ経営が得意なことだ。浜松や北海道にも、金型製造会社を設立。海外展開では米国、インドネシアにそれぞれ製造子会社を設けるなど、積極経営を続ける。それだけに、M&Aを活用して自社の成長につなげようとする意欲は強い。

2019年末、笹倉製作所と名古屋特殊鋼とのトップ面談が行われた。お互いの印象は良かった。笹倉夫妻も、相手に満足した様子であったが、内心は、心血を注いできた「仕事場」から離れる寂しさも味わっていたことだろう。最終的な決心がなかなかつかない。それを名古屋特殊鋼の経営トップは、辛抱強く待ってくれた。

そんなときに、勲さんが体調を崩した。折しも、2020年は、新型コロナウイルスで世界中が大混乱。社長業は加代子さんが引き継ぎ奮闘する。2020年夏には一時的に機械関連業界が総弱含みになる局面があり、実際、笹倉製作所の受注も大きく落ち込んだ。短期間にこれほど受注環境が変わると、さすがに何か対策をとらねばと、あせる。加代子さんも経営者として、人件費カットといったつらい決断をしなければならなかった。正直、このM&Aは破談となってもおかしくなかっただろう。だが、日本M&Aセンター吉丸は、富山に通い続けた。ここで事業を清算するようなことになっては、誰も幸せになれない。持ち堪えるように施策を練り、励まし続けた。そしてそんなときでも、名古屋特殊鋼側は落ち着いていた。名古屋特殊鋼のM&A担当者は、「状況の変化に動じない懐の深さと、譲渡企業に対する敬意の念はオーナーご夫妻にも伝わっていたと感じる」と振り返る。なかでも地元の状況を知る北陸精鍛の社長は、誠実な態度を示してくれた。

「創業経営者が勇退なさるのだから、最大の敬意をもって接するというのが、私たちの基本姿勢です。気持ちよく花道をつくれるときまで、待ちますよ」

この誠実さが、最終的に笹倉製作所がM&Aを決断する決め手となった。

わが子のような会社と従業員に感謝を

両社が最終契約に至ったのは、トップ面談から1年が経過した2020年の暮れ。様々な起伏を乗り越え、ついに成約となった。

気の短い買い手だと、「売り手がノラリクラリしているのは、やる気がない証拠だ」と言わんばかりに、他の企業へと走ってしまうケースがある。名古屋特殊鋼は、拙速で交渉を進めるよりは、納得づくのうえで結論を出すほうが後々良好な結果を生むと信じて、最後まで落ち着いた態度を貫いた。それが、笹倉製作所側の絶大な信頼を獲得することへとつながった。名古屋特殊鋼のグループ入り後、笹倉製作所の社長職は、北陸精鍛社長が兼務することになった。その後の経営統合作業も、スムーズに進んでいる。

両社の成約式は、富山市内のホテルで行われた。関係者一同が、晴れがましい顔つきで集まった。勲さんも、体調に気遣いながらではあったが出席することができた。地元新聞社に声をかけたら、取材に来て立派な記事に仕立ててくれた。陰ながら事業承継がうまくいくことを願っていた長女は、式の中で両親宛てのメッセージを読み上げる。

「父も母も、ひたすら笹倉製作所のために働き、何ひとつ贅沢なことをせずに、私たち娘二人を東京の大学まで行かせてくれました。そして、いよいよ今日が区切りの日ですね。良い譲渡先が見つかって、本当に皆、幸せです」

笹倉夫妻は成約式の後、会社で従業員約40人に感謝状と記念品を手渡した。「どうしてもやりたい」と、たっての希望であった。夫妻が一人ひとりに頭を下げて、手紙を渡す。目を潤ませながら、握手を求めてくる者もいた。記念に、とスマートフォンで一緒に写真を撮っていく者もいた。誰もが笑顔だった。そこには、名古屋特殊鋼の社長の姿もあった。その手には、笹倉製作所の全従業員宛てのメッセージカードと手土産。一人ひとりに頭を下げながら、「よろしくお願いします」と手渡していった。笹倉夫妻のバトンは、しっかりと継がれている。そこにいる皆が実感した。夫妻の思い描いていた幸せなM&Aが実現したのである。

成功のポイント

○事業承継に悩んだら、すぐに身近にある相談窓口に足を運んで情報を集める
↓「いつかなんとかなるだろう」では遅い。不安を感じたら早めに情報収集を始めることで、多くの選択肢を検討することができる
○相談先と今後のビジョンをしっかり話し合う
↓事業や従業員の将来、家族も含めた自身の人生ビジョンをきちんと棚卸しすることで、納得いく結果が得られる
○相手先選びは業績だけでなく、経営者の誠実さ（心）も含めてシナジーを見極める
↓わが子同然の会社と社員がM&A後も幸せになれるかどうか、経営者の姿勢や考え方をとおしてイメージできるかどうかが大事

CASE②

M&Aによる譲渡で、先行き不安を解決

譲渡企業	譲受け企業
第一電機設備工業株式会社	阪和ホールディングス株式会社
業種：電気工事業 本社：和歌山県 売上高：約5・8億円	業種：設備工事業 本社：和歌山県 売上高：約30億円

先行き不透明な時代、人材も集まらない。先代から続く事業を存続させるためには、何をすべきか？

将来への漠然とした不安。その解消へと動き出す

「100円電球の取り換えから、水道蛇口の水漏れまで。水と電気に関わることなら、かゆいところまで手が届きます」

和歌山市の第一電機設備工業は、地域密着をうたい文句に実績を積み上げた会社である。もちろん、大型の仕事もきちんと対応する。地下駐車場の機器設置工事、下水道センターの電気工事、地元大学の学舎新築に伴う電気工事など数多くの施工を手掛け、顧客からの厚い信頼を築き上げた。

同社の野井和重社長が、創業者である父親から社長を引き継いだのは1993年、34歳のとき。青年社長だった。それからがむしゃらに働いた。それが50歳の声を聞くころから、ふとしたときに頭をかすめるものがあった。

「このままではだめだ」

業績が落ち込んでいたわけではない。ただ、業界としては今後、再編が進んでいくと思っていた。単独で生き残るのが難しくなっていくなか、誰が会社を引き継ぐのか。

「自分がずっと社長をやるわけではない。私もそうだったように、バトンをつなげなけれ

ば。父が立ち上げ、いまや一族の誇りとなった事業を守り、社員が生き生きと働けるよう成長させるにはどうしたらいいのか」

一人娘は、「社長には向いていないから」と後を継ぐ気はないという。ベテラン社員も、会社の借入金の保証人とならねばならないと聞くと、腰が引けてしまう。それでなくともこの不透明な時代、従業員の新規採用も難しいなかで、会社を牽引していくことは至難の業だろう。事業を続けるにはどうしたら――。言いようのない不安がよぎる。

そして、野井社長は決断した。

「いずれ誰かにこの会社を譲ることになる。そのとき、スムーズにバトンタッチできるよう、準備することはできる」

野井社長はまず、財務整理に手をつけた。承継者が資金面に翻弄されることなく、事業に集中できるような環境を整えておきたかったからだ。その背景には、自身がバトンを渡されたときからずっと心に引っかかっていたことがあった。

「社長の肩書と一緒に、借入金の保証人という立場も引き継いだ。まるで毎日重いランドセルを背負って仕事をしているような気分だった。これを次の社長に味わわせてはならない」

借入金を毎年少しずつ返済していき、無借金経営に変えた。また、厳しく経理内容を点検し、クリーンな財務体制としたのである。

悔いのない事業承継をしたい。M&A専門会社と出会う

野井社長は、借り入れゼロへの施策を進めながら、事業承継について勉強した。その中で、会社を継ぐ人を探すのではなく、継いでくれる企業を探して会社を譲渡する方法を知る。M&Aだ。早速、M&Aへと方向転換を決めた。

次は、譲受け企業をどう探して決めるかだ。取引先など、懇意にしている会社がないわけではない。自社の事情をわかってくれているという安心感はあるが、果たしてそれだけでM&Aはうまくいくのだろうか。売り手・買い手双方としがらみのない第三者が間に入ったほうが、客観的な判断ができ、健全なM&A交渉ができるのではないか。そこで、付き合いのある金融機関にM&Aの話を切り出した。むろん銀行は真摯に対応してくれたが、どうしても紹介先は銀行の取引相手に限られる。

「事業承継は、人生に一度あるかないかの大仕事だ。妥協したM&Aはしたくない。選択

肢は多いほうがいいだろう。ならば、専門の仲介会社に頼もう」

こうしてたどり着いた先が、日本M&Aセンターだった。2019年冬、担当者との面談が始まる。面談や調査内容をもとに企業評価を行い、企業概要書を作成、譲渡企業として正式登録（案件化）するのだ。登録に必要な企業価値の算定は、未上場企業であれば当社が持つ豊富な先行事例を参考に行われる。

第一電機設備工業が案件化されるまでは早かった。野井社長が「譲り受けたいと思われる企業にしたい」と準備を整えていた成果である。1カ月後には、譲受け企業探し（マッチング）がスタートした。

日本M&Aセンター内で、「電気設備工事」をキーワードに、過去の事例や譲受け企業のデータベース、さらにAIを使った検索システムなどを多重的に活用し、ベストな相手を探す。結果、候補先企業として126の会社がリストアップされた。

従業員がこれからも活躍できるように。マッチング企業を厳選する

126社の候補から、実際に提案する企業の絞り込みの作業に入る。ベテランのM&A

コンサルタントたちが何度も集まり検討を重ね、秘密保持契約を締結した候補企業に意向を確認していく。最終的に、自信を持って野井社長にお勧めできる企業を2つに絞り込んだ。

担当者の堀切が緊張気味に野井社長に提案する。

「野井社長から、M&A後も社員が今のまま、生き生きと活躍できる企業を紹介してほしい、とリクエストをいただいておりました。そのご要望に沿う2社をご提案いたします。一つは西日本最大の電気工事会社です。上場もしている大きな会社のグループに入るのであれば、従業員の皆さまも安心されると思います」

「あの大手と組めるのですか。それは良い。では、もう一つは？」

「非上場の和歌山の会社、阪和ホールディングスです」

野井社長は、その社名を聞いて驚いた。阪和ホールディングスの前社長夫人は、小学校の同級生、その息子である現社長のことも、少年だったころからよく知っている。

「その田村忠之社長が、ぜひ野井さんと組みたいと仰っているのです」

阪和ホールディングスは設備工事の会社。業務内容は空調設備、防災設備、給排水衛生工事と幅広く、設計・施工・メンテナンスを手掛けている。なかでも消防設備の保守・点検作業では定評がある。田村社長はアメリカで経営を学び、実家に戻って常務となってから1年で家業を急成長させた人物だった。この先も輝く企業を作っていけるであろう30代の若きリーダーであり、譲渡企業もその従業員たちも今以上に成長させることができると、担当者は確信していた。

野井社長の心はすぐに決まった。その夜、長年、応援し続けてくれる妻へ報告。背中を押してくれた。野井社長は早速、田村社長に会ってみることにした。

ビジョンの共有、その熱意に打たれたトップ面談

お互いにスーツを着て、テーブル越しに正式な話し合いをするのは、少し照れ臭かった。しかし、田村社長は終始真剣だった。

「電気工事と、設備工事の掛け合わせは、きっとうまくいきます。従業員構成も、ベテランぞろいの御社と、若手主体の弊社ならお互いに補完し合える。採用も、うちのノウハウを生かせます。受注先は、第一電機設備工業さんが官公庁関係、阪和ホールディングスが民間企業向けと、それぞれ得意分野があり、ちょうどバランスがとれています」

知り合いだからと甘えるような態度は、一切見せなかった。譲受け企業の責任者として、譲渡企業に納得してもらえる事業計画や、計画性を持った事業戦略を用意していた。野井社長も、譲渡側の責任者として自社の長所短所をすべてさらけ出すように努めた。譲渡すれば欠点も露呈するのだから、事前にすべて示すのが礼儀だと考えたのである。

田村社長が熱弁をふるったのが、地元への貢献だった。和歌山が大好き。だから二人で和歌山を盛り上げましょう、と言うのだ。和歌山城や紀三井寺といった文化遺産や、紀州の梅干しや和歌山ラーメンなどの食文化と並んで、産業も文化だ。失ってはならないものだから、地元和歌山の産業振興に力を尽くしたい。

「東京や大阪に行った和歌山県人が、故郷に帰って働きたいと思ったときの受け皿になれるよう、会社を大きくして、雇用を生み出したいんです。それには野井さんの力が欠かせません！」

田村社長は34歳、ちょうど、野井社長が会社を継いだときと同じ年齢だ。あのときの自分の意気込みを思い出し、一気に気持ちが固まった。

厚い信頼から破格の申し出、自らの役割を見出す

２０２０年5月にトップ面談があり、同年7月に両社はＭ＆Ａの最終契約書を交わした。最終局面で田村社長が切り出した。

「野井さん、第一電機設備工業の社長を引き続きお願いします。加えて兼務として阪和ホールディングスの№２、つまり専務になっていただけませんか」

日本Ｍ＆Ａセンターが手掛けた案件でも、譲渡企業の社長が、譲受け企業の役員に就くというケースはそこまで多くはない。それだけ野井社長に寄せる田村社長の信頼は厚く、また田村社長には、相手を尊重する、譲受け企業の品格といえるものがあった。

野井社長はその提案に、朗らかに応えた。

「わかりました。田村社長の応援をさせてもらいます」

当初、譲渡したらリタイヤするつもりだった。郊外に喫茶店を開いて、時折やってくる若者の人生相談をしながら暮らしたいと考えていたほどだ。ところが田村社長の熱意とリーダーシップに触れ、プレーヤーを続けることに決めた。報酬が目的ではない。経営者として学んできた経験を、少しでも役に立てたいという純粋な思いだった。

「自分のお役目が来たな」

野井社長の心は晴れわたっていた。株主や保証人という重い荷物を下ろしたことで、もともとのリーダーとしての力を遺憾なく発揮できるようになったのだ。経営のことだけを考え、動ける。「参謀役が自分の性に合っていたんだ」と、素直に思えた。

専務として支え、譲渡後に輝く

その手腕は、阪和ホールディングスにとっては2件目のM&Aで遺憾なく発揮された。２０２０年11月に地元の建設資材卸業・紀和商店を新たに買収。後継者不在で困っていた紀和商店を、「土木建設業を支える大事な産業だから」と田村社長が譲り受けることを決めたのだ。

２０２１年6月に新たにグループ入りした3件目の岡山県の瀬戸内工業所でも、同様であった。地元ではないが、M&Aによって、地域の重要な産業を守ることができると実感した野井さんだからこそ、譲渡オーナーと同じ気持ちで対話をした。野井専務は、キーマンとの調整役から相談事の対応まで、大いに活躍したのである。

従業員だけでなく、野井さん自身も経営者として生き生きと輝くM＆Aが、実現できたのだ。

成功のポイント

○事業承継を見据えて、前もって事業に集中できる環境を整えておく

↓財務整理をするなど、承継者が資金面に翻弄されない環境を作っておくことで、M&Aを決断したときにも好条件で交渉ができる

○M&Aは、しがらみのない第三者（仲介会社・金融機関・会計事務所など）を間に入れる

↓たとえ買い手先になりそうな会社が身近にあったとしても、第三者を入れることで他の選択肢を検討することや健全な交渉が可能になり、客観的な判断がしやすい環境を作ることができる

CASE③

コロナ禍だからこそ、先を見据えM&Aで会社を買うことを決断

譲渡企業	譲受け企業
三博《みはく》工業株式会社	株式会社三井
業種：印刷業	業種：紙卸売業
本社：大阪府	本社：徳島県
売上高：約3・6億円	売上高：約58億円

縮小傾向にある業界で急務となる変革。地元名門企業トップとして、悩みの末に踏み切った決断とは。

業界も地元も先細り、広域展開を期す

徳島市に本社を構える三井は、大正2年（1913年）創業。紙卸売業に分類されているが、紙関係の仕事を広く手掛ける老舗企業だ。伝票や帳票類の印刷をするフォーム印刷、段ボールの製造・販売、各種パッケージに使う包装資材の提供など、紙卸に限らず幅広く関連事業を手掛ける。大手文具メーカー、コクヨの徳島地区での代理店となり、ステーショナリー用品、オフィス用品も扱ったことが、業容拡大に拍車をかけた。市内ではBUNZO（文蔵）という名前で、ボールペン、万年筆、ノート、画材、店舗用品などを販売するショップも運営している。

地元ではよく知られた存在で、はた目には順風満帆に見えるのだが、4代目・三井克造社長には悩みがあった。

「〝紙を中心に〟というスローガンで経営を続けてきたが、これから先、今のままでいいのだろうか」

完全ペーパーレスに切り替わるのはもう少し先だと思われるが、デジタル化のうねりは大きく、一般に紙関連の需要は先細り。毎月の荷動きを見ても明らかだ。特に、少子高齢

化で人口が減り続ける徳島でのビジネスは正直言って厳しい。経営者としては、どうしても防衛姿勢が強くなる。

「このままでは展望が開けない。商圏を県外に広げて、さらに事業の領域を増やさないと」

三井社長は1978年生まれの43歳。2013年に、20年社長を務めた3代目の父の後を継いだ。100年ののれんを、途絶えさせるわけにはいかない。ここ50年、紙関連の事業を立ち上げて業容を大きくしてきたが、もっと強い一手が欲しい。そこでたどり着いたのが、M&Aという手法だ。

「会社を成長させるには、M&Aが選択肢の一つになる」

日本M&Aセンターの担当者の浅野から声がかかったのはそんなときだ。

「徳島の企業を調べているなかで、御社が成長機会をうかがっておられると耳にいたしました。ぜひ、御社の事業にプラスとなるM&Aをお手伝いさせてください」

三井社長は当社と話を進めるべく、秘密保持契約を結ぶことにした。

ねらうは相乗効果、大阪商圏への足場を模索

早速、日本M&Aセンターの浅野は、社内外のネットワークを使って譲渡希望企業のリストアップに乗り出す。同時に、三井社長には、他社の事例を紹介したり、M&Aで得られるものや気を付けるポイントなどを丁寧に説明したりと、M&Aへの理解を深めてもらう。具体的なM&Aのイメージがつかめたころ、いくつかの候補先企業に絞り込み、社名を挙げて提案した。

三井社長の目に留まったのは、大阪のラミネート加工会社・三博工業だった。統合することで生まれる相乗効果が、わかりやすくイメージできる。

第1に、大阪に新しい拠点を確保できる。実は、徳島と大阪や神戸といった関西大都市圏との距離的ハードルは低い。四国－淡路島－本州をつなぐ橋や高速道路によって、徳島－大阪間は、片道2～3時間程度だ。週末には、徳島の若者が神戸の繁華街で集い、家族連れはUSJ（ユニバーサル・スタジオ・ジャパン）でしばしば羽を伸ばす。徳島は半分、関西経済圏に組み込まれていると言っても過言ではない。大阪に営業基盤のある会社と統合して拠点ができれば、商圏を広げるまたとないチャンスである。

第2に、相手先のラミネート加工技術を生かせる。ラミネート加工は、複数の材料を貼り合わせて積層させる技術で、例えば接着剤ラミネートと言えばフィルムに接着材を塗り、印刷物にフィルムを熱圧着させる技法のことだ。紙袋、本、食料品容器など、ラミネート加工を望む商材は意外に多い。印刷業界の一角を占め、紙の商売との親和性が高い。三井で扱っている紙器パッケージ製造は、板紙の型を抜いて組み立てるまではできるが、表面加工は外に出している。両社が一緒になれば、今後は紙器パッケージ製造の内製化が進むだろう。大阪の顧客向けへの輸送コストも削減できる。

第3に、近隣業界であるがゆえの相乗効果が見込める。例えば三井の顧客に三博のサービスを提供するなど、互いの顧客を結びつけて取引の上乗せをねらう、いわゆるクロスセルの営業ができるかもしれない。あれこれ期待は高まるばかりだった。

技術に自信、自分たちの良さを生かせる買い手を求めていた

さて、三博工業がM&Aに至った経緯を見ておこう。印刷加工、それも熟練技を必要とする仕事なので、しっかりと利益が出せる。時々舞い込む特殊加工の注文にも即座に対応

するため、取引先からの信頼が厚い。販売先は上位70％くらいが固定しており、高い受注単価をキープできる要因になっている。無理な注文を受けて、社員を残業で困らせることもしない。会社運営の基礎はしっかりできている。が、娘は公務員になっていて後継者不在という問題を抱えていた。

三博工業の山口陽朗社長は、60歳代半ばに差し掛かり、いよいよ会社の行く末が気になりだした。長い時間をかけて培ったノウハウを持つ従業員や、取引先との関係を維持するためにはどうしたらいいか。

「一度、うちの会社を買ってくれるところがないか、探ってみようか」

たとえ買い手が現れなくても、まだ60代。もう少しがんばれる。そんな気持ちもあった。そこで日本M&Aセンターとコンタクトをとったのだった。

仲介契約を結んだのが2019年10月末、案件化が完了したのが翌2020年1月末である。しかしこのころから新型コロナウイルスが広がりはじめ、4月に入ると全国規模での初の緊急事態宣言が発令。山口社長が「これではM&Aはしばらくお預けだな」と思ったのも無理はない。

ところが、しばらくして日本M&Aセンターの担当者・田子島から連絡が入る。譲受け企業の候補がいるとのことだ。

「オンラインを活用すれば、打ち合わせなどはかなりカバーできますから、お相手探しがストップすることはありませんよ。皆さん、今からコロナ後を見込んだ対応を考えているようで、M&Aについての問い合わせも多いです」

山口社長は、どのような譲受け企業が望ましいか、事前に細かい注文をつけていなかった。だが、徳島の三井を紹介され、詳細な説明を受けると、「印刷業に関係があり、堅実に仕事に取り組んできた会社のようだ。うちに合うかもしれない」という気持ちになってきた。

「名の知れた大企業に買ってほしいという考え方もあるだろうが、大手すぎるとどうしてもそのグループの色に染めようとするだろう。それでは、うちの良さを出しにくいし、社員は窮屈に感じるかもしれない。今回提示された企業は強引なことはしない気がする。ともかく先方と会ってみたい」

初のM&Aへ、迷いつつも将来へ向け踏み切る

三井と三博工業、両社のトップ会談が実現したのは、2020年7月。双方のフィーリングはぴったり合うようだった。三井社長は、三博工業をここまでしっかりとした会社に育てた山口社長に、素直に好感を持った。

しかし、三井社長の内心は揺れていた。初めてのM&A、期待と同じくらい不安も大きい。自分の決断が正しいのか、容易に見極めがつくものではない。買収にあたって必要な資金は、銀行からの借り入れが大半となる。半端な金額ではなく、失敗は許されない。

「業種が近いとはいえ事業内容の異なる会社と組んで、大丈夫だろうか」「価格は適正なのだろうか」「M&A後、三博工業の従業員はわが社になじんで、協力してくれるのだろうか」「そもそも、コロナ禍の今、M&Aをすべきなのか」――今まで何度も点検してこれでOKと結論を出したことが、また心配のタネとなって頭をよぎる。M&A交渉は、途中で打ち切ることもできる。だが、それでは三井の10年後、15年後はどうなる。社業が先細りになるのを放置するのか。やはりやるべきだ。しかし……。

父親である会長には、もちろん最初の段階から相談してきた。だが、最終的に決めるの

は社長だと、背中を押される。

「大丈夫だ。お前の考える通りに行け」

父親にしてみれば、M&Aをとおし、経営者としての実績を作らせたかったのかもしれない。息子がひと回り大きく成長することを願っていたに違いない。

そんな迷いを三博工業の山口社長も察していたのかもしれない。口を挟むことはせず、三井社長の気持ちが固まるのを待った。

そして2020年9月、基本合意契約締結。その3週間後、最終契約が交わされた。

「コロナ禍の今だからという不安はもちろんあるが、むしろ今だからこそ、この先を見据えて新しいことに着手するべきだ」

三井社長はこうしてM&Aへと、踏み切った。それは、危機の中を舵取りしていくリーダーとしての大きな一歩でもあった。

山口社長は会長として2年、三博工業に残ることになった。引き継ぎが終わったら自分のために時間を使いたい、と趣味の釣りなどして悠々自適な暮らしをする予定だ。

三井社長は、週に数回は大阪に顔を出し、新型コロナ収束後の躍進に向け、画策中だ。大きな決断を乗り越え、リーダーも、会社も、成長したM&Aとなった。

成功のポイント

〇先行き不安のある業界では、異なる業種や事業の周辺分野にも目を向ける
↓　思わぬ相乗効果を生み出せる企業を見つけられる
↓　自社にない要素を取り入れるには、M&Aが効果的
〇自身が納得するまで悩み、決断はあせらない
↓　考え抜いて出した答えが自信となる
〇逆境を逆手にとる
↓　飛躍的成長が期待できる
↓　ピンチをチャンスに変えるリーダーの素養が磨かれる

CASE④

後継者がいるからこそ行うM&A

譲渡企業	譲受け企業
株式会社SPREAD	株式会社LAVIE（株式会社東セラ）
業種：自動車部品・付属品卸売業 ※譲渡したのは美容家電のEC事業	※データは親会社・東セラのもの 業種：建設業
本社：東京都　売上高：約10億円	本社：群馬県　売上高：約20億円

会社を買うことで、自社を魅力ある企業に。事業も後継者も成長させる。

後継者がいても攻めの展開は必須。M＆Aでの事業拡大を図る

群馬県高崎市の建築工事会社・東セラは、高崎市内とその近郊を中心に、住宅の新築工事、増改築工事にからんだタイルなどの外壁工事が得意。創業社長の金井弘一さんはまだ50代、バリバリと仕事に精を出す。近頃そこへ、息子二人が加わった。30歳と28歳の息子たちには、いずれ東セラを継いでもらいたいと考えている。

「だが、創業したころと今では状況が異なる。このままの事業を続けていくことはできないだろう。時代に合わせて会社も進化が必要だ」

金井社長は常日頃、「事業は守りに入ると停滞する。現状維持ではなく、何か新しいことに挑戦するのが経営の醍醐味だ」と語っている。次に事業を牽引していく後継者にとって魅力ある企業にするために、今こそ「挑戦」のときと、M＆Aで新しい風を吹かせることを考えた。

2019年、初めてのM＆Aで建材卸の会社を譲り受けた。東セラの本業と多少関係があるため、業界に対する土地勘が働く。この建材卸会社の運営が、予想以上にうまくいった。それでは、とステップアップを画策する。

「これまでBtoBの仕事がほとんどだったが、もっと消費者に直接つながる仕事がしてみたい。BtoC事業に参入できないだろうか」

その依頼を受けたのが、日本M&Aセンターだった。

建設、特に建材卸業は、企業と企業が取引する典型的なBtoBビジネス。相手先の信頼を得るまでは大変だが、一度関係が構築できれば安定的に仕事が入ってくる。ところがBtoC、つまり不特定多数の個人を相手にするビジネスとなると、消費者をつかむには、世の中の動きを見つつ、タイミングよくアプローチしていくことが欠かせない。BtoBとは違う意味での難しさがある。

日本M&Aセンター内でいくつもの候補を挙げ、これぞと思う会社を紹介していった。何度目かの提案として、担当の村田は美容家電のEC事業（インターネット通販）を持っていく。

「面白そうじゃないか。もっと詳しい話を聞かせてくれないか」

好印象だった。経営者の勘が働いたようである。

工場や実店舗を持たない経営で利益率を高めた、美容家電事業

当社が提案した美容家電のEC事業は、東京の自動車用品会社SPREAD（スプレッド）が運営していた。SPREADの本業は、あくまで自動車用品。自動車やバイクのヘッドライトのカスタムパーツメーカーとして強みがあり、全国各地の自動車用品店と取引をしている。自動車メーカーが出荷時に車に取り付け、あるいは系列の販売店が補修、交換用として販売しているパーツが純正部品。これに対し、ユーザーが純正部品では飽き足らないとして、部品を追加購入して取り付けるのがカスタムパーツである。それだけにデザインや機能面などでユーザーを引き付ける魅力があり、収益性も高い。

そのSPREADが、事業多角化の一環として10年前に始めたのが美容家電だった。LAVIE（ラヴィ）のブランドで家庭用脱毛器を開発。自社のウェブサイトを作るとともに、楽天、アマゾン、ヤフーなど通販モールを利用した通信販売を行った。製品の製造は韓国企業に委託、出来上がった商品を日本国内の委託先企業で組み立て、梱包、発送してもらう仕組みだ。自社で生産設備を持たず、しかも実店舗もない、いわゆるファブレスメーカーとして市場参入した。競争は激しいものの、参入時期が比較的早かったことから

脱毛器の老舗ブランドとして一定の地位を固めることができたのだろう。脱毛サロンに行くのと比べて圧倒的に低コストなところが人気となり、それなりの実績を残している。

加えて2020年のコロナ禍による巣ごもり需要で、商品の売れ行きがぐんと伸びた。外出がままならず、感染症の心配からできるだけ対人接触を避けたいという消費者が、自宅での脱毛メンテナンスに切り替えた面が大きい。

しかしSPREADの清松信吉社長は、「もともと経営の比重から言えば、自動車用品と美容家電の比率は9対1程度。本業はあくまで自動車用品で、美容家電とのシナジーは薄い。通販事業が好調な今が、譲り渡しの絶好のチャンスだ」と判断。美容家電部門を譲渡して自動車用品事業に専念する、選択と集中の経営を決断し、担当の野金のサポートの下、譲受け先を探していた。

多角化部門を売却する事業譲渡となり、2つの課題にぶつかる

2021年2月、トップ面談が行われた。両社とも美容家電部門の売却・取得に乗り気だったため、話はトントン拍子に進んだが、しばらくしていくつかの問題に遭遇する。

1つ目は、事業譲渡となったことによって発生する手続きだ。SPREADの一つの部門の売却になるため、事業のみを切り離して譲渡する。そのためM&A成約までのプロセスも株式譲渡とは異なるのだ。

製造元の韓国企業や組み立て等を担当する国内企業とは、契約の更新（手直し）をする形で決着。各通販サイトは、アカウントそのものを新規にすることで対応した。一定程度抱えている在庫品の評価も行った。加えて、過去10年間の実績ある「LAVIE」という商標権をどう評価するか、美容家電の通販サイトでの販売ノウハウをどう評価するかなど、「目に見えないモノの価値」をどのように算定するかが、最大の難所となった。ちなみに、事業譲渡の場合、売却代金はオーナーではなく会社（SPREAD）に入る。

2つ目は、引き継ぎ作業についてである。買い手である東セラ側は美容家電のEC事業に大変興味を持ったものの、何しろBtoC事業は未経験。事業の運営を一から教わらないと何もできない。もちろん、商品や資金の流れは仕組み化されており、通販サイト経由での商品受注後から工場への発注、お客様への納品といった商品の流れ、購入代金の回収などの資金の流れは、きちんとした業務フローができていた。しかし、東セラとしてはやはり不安があった。その不安をSPREADの清松社長が汲み取ってくれた。

「念入りに引き継ぎをしないと、先方が困惑する。どういうところがポイントになるのか、丁寧に説明するように」と、EC事業の担当者に指示を出してくれたのだ。

最終契約は、2021年3月。熱心に事業を説明してくれる清松社長と担当者によって、相互に理解が深まり、前向きに契約を進めることができた。

魅力を高め、会社も後継者も進化するM&Aを

SPREADの担当者は、単に業務フローだけではなく、EC事業、とりわけ美容家電という商品の特性に見合ったビジネスの方法を教えてくれた。例えば、脱毛器は夏場にかけて商品が動くので、この時期をにらんだセールス促進策が有効であること。通販事業の場合、インフルエンサーと言われるSNSで多くのフォロワーを持つ人を起用したマーケティングや、口コミ、体験レポートなど様々な手法を利用し、いかにして自社や通販事業サイトに消費者を呼び込むか、商品購入のリピーターを増やしていくかが肝となること。

そうした体験談を詳しく聞くことができた。このEC販売のノウハウは、別の商材にも生かせるに違いない、そんな手ごたえも感じられた。

東セラは、このLAVIE事業を引き継ぐ部署を、新設法人として開設した。法人名称は「LAVIE」。新生LAVIEにとって、しばらくは新たな体制を軌道に乗せるのが大きな課題だが、将来的には、過去に販売実績のある顧客名簿を使ったセールス・アプローチや、美容系商材について取り扱い品目を増やす挑戦などの夢が描ける。

金井社長は、二人の「後継者候補」が嬉々として新規事業に取り組んでいるのを満足そうに見つめる。実践的な経営修行にもなったようだ。

後を継ぐ子どもが持つべき3要素。「継がす不幸」を回避

子どもに会社を継がせる場合、3要素が必要だと考える。1つ目は「経営者としての実力」、2つ目には「経営者としてのカリスマ性」、そして3つ目は、「新しい事業モデル」である。

創業者がM&Aで会社を買収して、後継者と一緒になって第二創業していく過程であれば、子どもはこの3要素を手に入れやすいといえる。もしこの3要素を手に入れないまま経営者になれば、経営に失敗する可能性が高い。すなわち、後を継いだことで不幸になる、

「継がす不幸」になりかねない。今回のM&Aは、親族承継の理想ではないだろうか。

変化の激しい時代、創業時のビジネスモデルが成り立たなくなることも多々出てくるだろう。業界自体、ずっと好調とは限らない。古い体質・多額の借入金のまま継がせることで、経営者として先代以上に苦労するケースもある。継いだ後の数十年を見据えた戦略を立て、道筋をつけてから後継者にバトンを渡すことは、トップの責務だ。

「ゆくゆくは、さらにM&Aを仕掛けて、また新しい分野に挑戦したいですね」

変化を柔軟に受け入れ、自らの進化とする金井社長のもとで、会社と後継者のさらなる成長が期待される。

成功のポイント

○後継者が社内にいる場合、継がせる事業の見直しをする
　＝変化の激しい時代、創業当時とは違う状況下で、今後も成長する事業か
↓M&Aで事業拡大、イノベーションを図る
○M&Aで積極的に第二創業に挑む（譲受け企業）
↓BtoBメインの会社がBtoCに事業領域を拡大するなど、自社に足りないものをM&Aによって短期間に手に入れる
○新事業への挑戦は、後継者にとっての実質的な経営修行になる（譲受け企業）
↓後継者に求める3要素「経営者としての実力」「経営者としてのカリスマ性」「新しい事業モデル」が養われる

CASE⑤

ファンドならではのアプローチで後継者を見つけ、さらに成長する

譲渡企業

株式会社寺田組運輸

業種：一般貨物自動車運送業
本社：神奈川県
売上高：約6・8億円

×

譲受け企業

日本グロース・キャピタル株式会社

業種：ファンド運営会社
本社：東京都

寄り添って経営指南をしてくれるファンドと企業価値を高めていく。

事業承継の相手探しの中で見つけた、PEファンド

寺田勝社長は、神奈川県愛川町で建設資材の運送会社、寺田組運輸を経営する。創業した父親が亡くなり、2007年から後を継いだ形だ。

建設現場の仮設材として使う足場材の運搬が主力で、ユニック車と呼ばれるクレーン付きのトラックなど45台の車両を保有する中堅業者だ。配送の事業範囲は東京、神奈川が中心だが、指定された建設現場に足場材を運ぶのが仕事なので、決まった配送ルートがあるわけではない。会社は圏央道の相模原インターチェンジから車で10分ほどの好立地に位置しており、しかも本社敷地のスペースが広く一時的な足場材の仮置きが十分に可能。配送業にはぴったりの条件を備えている。

寺田社長はまだ50代半ばだが、少々体調を崩し引退を考えていた。ところが、家族や従業員の中に後継者が見当たらない。それなら第三者承継を検討しようと、2018年末、日本M&Aセンターに相談を持ちかけた。

当社担当者が、寺田組運輸とマッチングが期待できる様々な企業を紹介する。しかし、寺田社長はそのどれにも気持ちが乗らない様子だった。

「会社の雰囲気、従業員のモチベーション、ウチのカラーを、今のまま継続させたい。経営者が変わっても、皆は変わらず気持ちよく働けるような相手に譲りたいんです」

だが、紹介され話を聞いた事業会社は、どこも「ドライバーが足りないから」とか「保有車両を有効に使いたい」とか、自分たちの企業にプラスとなる面ばかり見ているように思えた。確かに、他社とのM&Aでは、その企業のカラーが入ってくることは否めない。他社と自社の色が混ざり合って、思った以上の相乗効果が生み出され、それがM&Aの醍醐味でもあるからだ。とはいえ、ともに事業を開いてきた従業員や取引先との今の良い関係が壊されないか、という寺田社長の不安もわかる。そこで、当社の担当者は次のような提案をした。

「それではいっそファンドを検討されてはいかがでしょう。中小企業向けに特化したPEファンドです。事業会社とのM&Aは、シナジー効果を出すために相手企業のやり方に合わせることもありますが、ファンドは譲り受けた企業の経営状態をよりよくするのが仕事です。黒子役に徹するファンドもありますから、社風や文化はそのままですよ」

「ファンドですか？」

寺田社長は思ってもいなかった提案に驚きを隠せなかったが、とにかく会って話を聞いてみることにした。

ファンドを知って見えてきた、自分たちの色をつなげていくM&A

当社が紹介したのは、独立系のファンド、日本グロース・キャピタル。すでに50社近い投資実績があり、中小企業との付き合いには豊富な経験がある。ここなら、寺田社長の心配も悩みも払拭できると自信を持って薦められる相手先だった。

同ファンドは、寺田組運輸が安定収益を持続、確保している点に着目した。仮設資材の搬送を得意とする専門業者の特性に加え、荷主が特定の何社かに集中しておらず、常時40～50社の顧客からまんべんなく仕事を得ている。顧客は上場企業やその子会社など優良先がメインで、運送業務に関してほとんど同社が元請けになっている。これならば、顧客からの値下げ要求に対して抵抗力があり、仕事量も大きく変動する恐れが少ないと判断した。

面談は、2020年5月に行われた。

当初、硬い面持ちだった寺田社長だが、社員を大切にしたいという思いや、後継者探しという喫緊の課題について正直に伝えていくなかで、「どう解決していこうか」と真剣に話を聞く姿勢を見せた、日本グロース・キャピタルの担当者・佐久間亮輔さんの熱意を感じ、緊張がほぐれていったようだ。経営改善のためファンドから様々な要求が出るだろうが、多少は我慢しなければ、とも覚悟していたが、佐久間さんは、「今まで通りやってください」と朗らかに言った。

「我々は、年金基金や金融機関などの機関投資家からお預かりした資金をファンドにして、その一部を寺田組運輸に出資することになります。お預かりした資金を運用しているという立場上、積極的に企業価値を高めていく責任がありますが、御社の場合、安定収益を出せる基盤がもう出来上がっていますから、大きな変革を行う必要はないと思っています。もちろん、管理、経理、企画など様々な視点から、工夫ができそうなことをアドバイスさせていただきます。その案が納得できるものなら採用していただく。それだけです」

面談の4カ月後、寺田社長は契約書にサインをした。ファンドに託してみることにしたのである。

ファンドならではのアプローチから後継者探し、思わぬ人材を発掘

早速、同ファンドは寺田社長の後継社長探しを本格化する。

付き合いのある人材採用のエージェント会社を使い、募集をかけた。時を置かず、40人の応募があった。その中から、寺田社長とはもちろん、社長の右腕となっている社員との相性も考慮し、また、社長に集中しがちな様々な業務をこなせるスキルとメンタルを持つ人物、何より、今の寺田組運輸の色を大切にしてくれる人物を、何度も面接を重ねて絞り込んだ。最終的には寺田社長にも面接してもらい、愛知県で運送会社の役員の経験がある髙山正樹さんを後継社長と決めた。

「これまで経験してきた業界ですし、皆さんにしっかりとサポートしていただける体制ができていましたので、不安はありませんでした」と、髙山さんは快活に語る。寺田社長は第一印象で、「この人なら後事を託せる」と思ったという。

髙山さんは、2021年1月に専務として入社、同年7月代表取締役社長に就任した。寺田さんは会長として引き継ぎに専念している。

ファンドのサポートを得て、できることが増えた

後継者探しと並行し、同ファンドは経営改善に着手した。ファンドの視点から提案される新規の顧客開拓など、新しい切り口が寺田組運輸にとっては大いに参考になった。

とはいえ、ファンドから髙山さん以外の人材を送り込むことはなく、寺田組運輸は、月に1回の経営会議で業績や設備投資などの現状を取りまとめ、ファンドに報告するだけ。もちろん日々の運営で迷ったことや悩みなど相談事があれば、随時ファンド側と連絡を取り合い解決に向けて努力している。

「私だけでなく、中小企業の社長業は大変な仕事です。プレーイング・マネージャーと言うと聞こえはいいかもしれませんが、何から何まで自分でやらなければならず、忙しさにかまけて後回しにしていることも多い。実は不動産がらみの問題で法的に処理しなければならないことがあったのですが、ずっと手がつけられずにいました。後継者も見つかり、社長業を分担することで時間ができたので、早速、日本グロース・キャピタルに助言をもらいながら解決できたんです」

寺田さんは、「いつでも相談できる相手がいるのは、ありがたい」と言う。社長業は孤

独なところがある。また、日々の雑事に追われ、来年の事業計画、ましてや向こう3年の中期計画を考えるゆとりがない人も少なくはない。事業存続や成長に悩むトップにとって、ファンドの存在は大きい。

自主性を尊重しアドバイザーに徹するファンドに、信頼感も高まる

日本グロース・キャピタルの佐久間さんは、投資先の企業に対していつも同じ戦略をとるわけではないと前置きしつつ、相手企業の自主性を大事にして、ファンドはあくまで黒子役に徹するのがいいと言う。

「中小企業は小回りが利くので、少しの工夫で業績アップにつながることが多いです。それをコツコツ積み上げるのが大事だと考えます。大きな人員カットや資産売却などを迫っても、会社の本質的な体質改善につながりません。持続的な発展をサポートし、次の株主に橋渡しをするのが、ファンドの役割です。企業価値を高めたうえで、他の企業にバトンタッチをすることが多いですが、経営者にＩＰＯを目指したいという気持ちが芽生えた場合、ＩＰＯのサポートが得意なファンドに託すという選択肢もあります。その都度、経営

者の意向を良く聞きながら相談して決めていきます」

寺田組運輸と日本グロース・キャピタルの呼吸は、「事業をつなげたい、従業員を大事にしたい」という思いのもと、一致することができた。互いを信頼するパートナーとして、次は事業のさらなる成長を目指す。

成功のポイント

○第三者に譲る際、「自分たちのカラーを大事にしたい」等
　何を大切にするか考える
↓　視野を広く、納得いくマッチング先を探す
↓　ファンドに出会う　↓　「無色」のM&Aを実現
○経営上の悩み、懸念をすべて伝える。優先順位も明示
↓　スピード感ある解決が可能。かつ、信頼感も芽生える
↓　問題解決、業績アップ!

CASE⑥

業績好調企業が飛躍的成長のためにM&Aで譲渡する

譲渡企業	譲受け企業
株式会社テクニカルパートナー	エスエイティーティー株式会社
業種：ITクラウド（AWS等）構築・運用支援業	業種：受託開発ソフトウェア
本社：長野県	本社：東京都
売上高：約2億円	売上高：約28億円

変化のスピードが速いIT業界、人材も流動しがち。飛躍するための成長戦略型M&Aを選択。

高い技術力で業績を伸ばしてきたが、独力での成長に限界を感じる

長野市に本社を構えるテクニカルパートナーは、独立系のシステム会社、いわゆる中小独立系SIer（エスアイアー：システム・インテグレーターの略）である。長野県のシステム関連会社で10年以上のキャリアを積んだ瀧澤聡社長が1999年に創業。20年間、急発展を続ける情報サービス産業の波に乗って、順調に社業を伸ばしてきた。

同社の柱は2つ。1つ目は、インフラ構築を得意としたシステム開発だ。様々な分野の企業から、業務アプリケーションを開発したいという相談や、システムの運用・管理をしてほしいという依頼が来る。顧客の要望に応じて、システム基盤構築のノウハウを生かし、クラウドを利用した構築と運用を中心としたソフトウェア開発を行っている。何よりの強みは、代表的なクラウドサービスであるAWS（アマゾンウェブサービス）のコンサルティング・パートナーに認定されていること。AWSの設計・導入コンサルティングの実績・経験が豊富である点は、大きな武器となっている。

2つ目は、システム運用管理である。社内に設置されたITシステムを安定して利用するために、運用管理を行う仕事だ。企業等への常駐派遣・SES（システム・エンジニア

リング・サービス）も行っており、システム運用技術者やインフラ基盤構築の技術者、開発関連の技術者を、ニーズに応じて客先のオフィスに長期間派遣、スポット対応を行っている。この2つの柱のバランスをうまくとって、社業を安定させている。

瀧澤社長はこの20年、拠点である長野県だけではなく、東京を主体とする首都圏にも顧客を広げ、従業員数を20人以上にまで拡大した。業績は年によって変動はあるものの、ここ数年黒字基調を維持している。しかし、これから先の10年、20年を考えると、今の体制で洋々たる前途があるとは言いきれない。今の会社のブランド力では、新規の顧客を大幅に増やすには限界がある。

何よりシステム関連業界は人材の流動が激しい。待遇面で今より良い条件のところが見つかれば、あっさり転職してしまう。人材流出は、常に悩みの種だ。腕のよい技術者は一人でも多く欲しい、というのはどの企業も同じだが、大手傘下のＳＩｅｒのネームバリューや手厚い待遇に、中小の独立系ＳＩｅｒは太刀打ちできないのも事実。瀧澤社長は、会社のさらなる飛躍に高い壁を感じていた。

自社の成長に他社の力を借りる、M&Aに思い至る

瀧澤社長は1965年生まれ。まだ50代半ばでもあり、仕事からリタイアすることは考えていない。しかし、自力で現状を打破し大きく成長していくのは簡単なことではない。新しいビジネスモデルを一から作り上げるには、マンパワーも足りず、時間もないからだ。ハイスピードで技術進化を続けるこの業界では、まごまごしていては後れを取ってしまうだろう。ならば、すでに成功しているビジネスモデルを取り込んではどうか。

M&Aという選択肢が頭に浮かんだ。

「他社を譲り受けられるほどの資金はないから、買い手に回るのは難しい。それなら、将来うちの会社を伸ばすことができるところに譲渡するという手もある」

IT業界では特に、〝時間を買う〟ためにM&Aという手法が選ばれる。一流の技術者に育てる時間や、新規事業を軌道に乗せる時間を、それを持つ他社と統合することで浪費しないですむためだ。

ならば、体力も業績も落ちないうちに動き出さないと。自身が病気になったり、会社が傾いてしまったりしてからでは遅い。瀧澤社長は、日本M&Aセンターのセミナーへの参

加をきっかけに、当社のIT業界専門のコンサルタントにコンタクトをとった。日本M&Aセンターでは、ITや調剤薬局等の専門知識が必要な業界に向けて専門の業種別コンサルタントを置いているのだ。

2019年3月、提携仲介契約を結び、相手探しが始まった。テクニカルパートナーのAWSに関わるノウハウに魅力を感じる企業が数多く現れるなか、ほどなくして担当の当社コンサルタント・太田から、ある企業から「長野県のシステム会社を譲り受けたい」という正式なオファーがあったとの知らせが入った。

財務基盤の安定した大手グループが手を挙げた

それは、東京に本社を置くエスエイティーティー（SATT）だった。予備校大手の駿台グループでシステム開発を担う会社である。駿台予備学校と言えば、そこに通わなかった人でもその名を耳にするだけで、ふと青春の一時期が脳裏をよぎるほど、世間には名前が知られている。実際の駿台グループは、予備校だけでなく幼稚園から大学、さらに各種専門学校や多くの海外校までを経営する教育産業の雄である。

エスエイティーティーは、その駿台グループのシステム部門として1986年に設立された。駿台グループの成長とともに、グループ内のシステム関連の仕事を一括して請け負ってきたが、近年では校務支援システム、eラーニングなどのICT教育関連で、大きく業績を伸ばしている。現在では売上の過半が駿台グループ以外の仕事となっていて、システム会社として独自の成長を遂げるまでになった。

ちなみにICT教育というのは、学校教育の場でパソコンやタブレット端末などを使い、インターネットを活用する形で授業を進めること。eラーニングも同様、インターネットを活用した学習のシステムやコンテンツで、学校の授業や企業の研修などに幅広く使われている。同社はこうした分野のパイオニア的存在だ。コロナ禍でのオンライン教育ブームが、eラーニングの普及をさらに加速させている。

同社にとっての大型商品となる「学び〜と」は、2016年からサービスを始めたクラウド型eラーニングシステム。パワーポイントや動画等で作った資料に音声等をつけ教材として使うもので、教育カリキュラムの一環としてだけではなく、広く企業の研修や、営業資料としても使われている。こうした商品のシステム面での対応には、より高度なクラウド技術が必要となる。そこで、クラウドに強いテクニカルパートナーに着目したのだ。

クラウド技術のレベルアップは、「学び〜と」だけでなく、他の商品展開にも欠かせない。

互いに相乗効果が期待でき、従業員にも夢が広がる

エスエイティーティー側のメリットは他にもある。校務支援システムなど全国各地の学校や自治体向けの商品は、地元の企業と組んでいれば何かと営業をかけやすい。何かあればすぐに駆けつけてくれる地元企業の存在は、顧客にとって大きな安心材料となる。

また、何といってもIT関連業務の経験豊富な技術者確保につながる。この点からも同社は、地方を拠点とするシステム会社を積極的にグループ化していた。2018年には大阪のIT関連企業、2019年には宮崎のIT関連企業、2020年4月に本件のテクニカルパートナー、同年9月に北海道のIT関連企業と、立て続けに買収している。エスエイティーティーは、当社の担当である戸塚に「お会いしたい」との意向を伝えた。

2020年1月、トップ面談の席でエスエイティーティーの山畔清明社長は、以下のように強調した。

「長野のテクニカルパートナーが仲間に加わってくれれば、人材確保と地方の営業拠点確

保の両方の意味から大きな意義がある。テクニカルパートナーの社員が今までより活躍の場を広げてもらえるように努力することが、これからの私たちの課題だ」

テクニカルパートナーの瀧澤社長は、「駿台グループという強いブランド力は魅力だ。うちの技術力をなかなかアピールできなかったが、高い知名度があれば、受注や採用にも生かせる」と、成長への道筋が見えたようだった。

「さらに、駿台グループ内ではあるが、独自のeラーニングの分野を切り開いてきたエスエイティーティーという会社の個性にも、大きな可能性を感じる。教育分野でのＩＴ化は日本ではまだ遅れているのが実態だから、今後の成長の余地は計り知れない。従業員もさらにスキルを磨けるだろう」

もともと長野県は教育熱心で知られる。信濃の国の寺子屋の数は全国トップクラスだったと言われており、こうした伝統が長野県人の教育に対する熱い思いとして今なお引き継がれている。そんなお国柄も背景にはあったのかもしれない。新時代の教育方法を支援するのは、社会的にも意義のある仕事と思えた。

自分の経営のゴールを描き、実現に向けた戦略を立てる

瀧澤社長は、譲受け企業に対して何の不満もなかったが、譲渡金額については、起業しここまで会社を発展させてきた実績を評価してもらいたいと、一定程度の上積みを求めた。譲受け側もその希望に寄り添い、お互いに折り合える線で落着した。

経営者が若いうちに譲渡を検討すると、「希望が通らなければ今はM&Aしなくてもいい」という選択もとることができる。もともとM&A業界は売り手市場ではあるが、時間的猶予があればさらに相手や条件をしっかり吟味することができるのだ。

瀧澤社長は当初から、会社売却後も仕事を続けるつもりであった。M&A後は社長ではなく常務の立場になるが、もともとプレーヤーとしてずっと現場で仕事をしてきた技術者だけに、仕事の勘は鋭い。職場でも、大いに頼りになる存在であり続けることは間違いないだろう。今回のM&Aを振り返り、満足そうに語った。

「私は、2025年、60歳でどんな会社にしたいかという計画を持っていました。それを実現するためにどうするか考えたとき、社員育成や知名度、営業力など見ても現状の自社の体力だけで実現するのではなく、会社の方向性が合致した資本力のある会社とフォーメ

ーションを組むことも選択肢の一つだと思ったんです。自分の経営が、何をゴールとしているかを描いておくことが大事なのだと思います」

成功のポイント

○変化の著しい業界では、成長戦略もスピーディに
↓　譲渡・譲受け問わず、M&Aを用いると、時間をかけずに成長を加速できる
○経営トップが若いうちに、M&Aを検討する
↓　成長の糸口が見えてくる
↓　納得いかなければ、機会を改めることもできる

第3章

M&A成功のための心得

M&Aのプロセス

M&Aは中小企業の経営者、とりわけ譲渡企業にとっては恐らく一生に一度の出来事だろう。失敗しないためにも、事前にある程度の流れとポイントを押さえていただきたい。M&Aを成功に導くためのカギはどこにあるのか、スタートから成約までの流れを説明する。本文の上には、その工程でのポイントや登場するM&A用語などを挙げた。参考にしてほしい。

このプロセスの主人公は、「売上5億円以下、従業員数20人以下」の譲渡企業とした(日本M&Aセンター仲介案件の中で最も件数の多い企業規模だ)。すべての事例がここで紹介した通りに進むわけではないが、あくまで基本的なプロセスとして、ご覧いただきたい。

図表7　M&Aの流れ

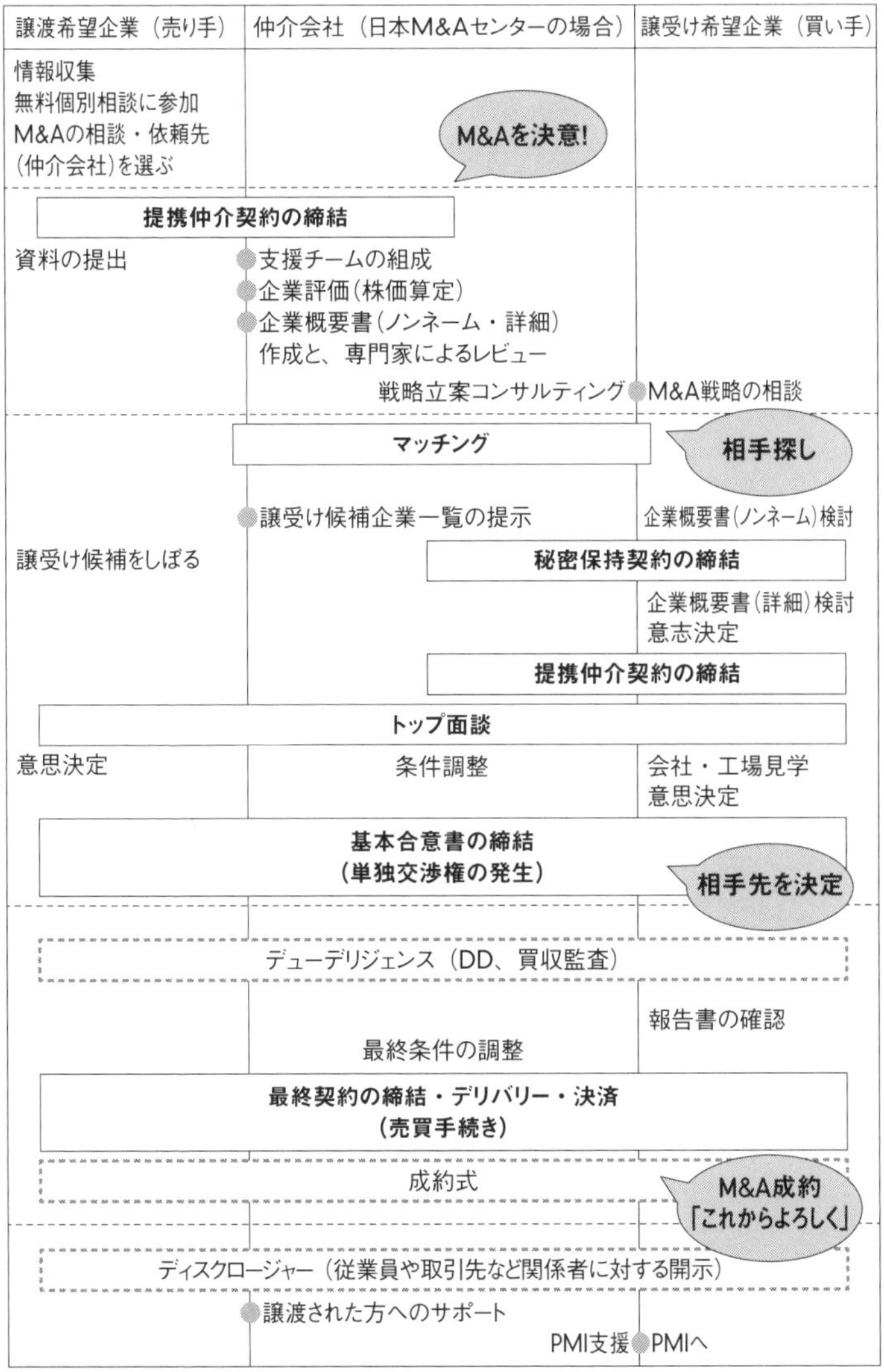
譲渡希望企業（売り手）
仲介会社（日本M&Aセンターの場合）
譲受け希望企業（買い手）
情報収集
無料個別相談に参加
M&Aの相談・依頼先
（仲介会社）を選ぶ
M&Aを決意!
提携仲介契約の締結
資料の提出
支援チームの組成
企業評価（株価算定）
企業概要書（ノンネーム・詳細）
作成と、専門家によるレビュー
戦略立案コンサルティング
M&A戦略の相談
マッチング
相手探し
譲受け候補企業一覧の提示
企業概要書（ノンネーム）検討
譲受け候補をしぼる
秘密保持契約の締結
企業概要書（詳細）検討
意志決定
提携仲介契約の締結
トップ面談
意思決定
条件調整
会社・工場見学
意思決定
基本合意書の締結
（単独交渉権の発生）
相手先を決定
デューデリジェンス（DD、買収監査）
報告書の確認
最終条件の調整
最終契約の締結・デリバリー・決済
（売買手続き）
成約式
M&A成約
「これからよろしく」
ディスクロージャー（従業員や取引先など関係者に対する開示）
譲渡された方へのサポート
PMI支援
PMIへ

1 M&Aの準備

まずは情報収集
●M&A経験者
●書籍
●セミナー
など

情報収集し、あらゆる可能性を検討する

M&Aについて知りたいと思ったら、まずは周囲のM&A経験を持つ経営者に、話を聞いてみるのが一番よいだろう。ネットには載っていない本音を聞くことができるし、アドバイスなどをもらえる可能性もある。周りにそういう人がいない場合には、本書のような書籍を読んだり、無料M&Aセミナーに参加したりするという手もある。今はオンラインセミナーがすっかり普及したので、全国どこからでもセミナーに参加することができ、経営者の生の体験談を聞くことができる。

経営者としての将来や引退方法、会社の成長、従業員・家族・取引先の未来——それらを考えたとき、どういう選択をすべきなのか、ぜひあらゆる可能性を検討していただきたい。

家族会議
↓M&Aを進めるうえで、家族全員の意見・方向性を統一させる

検討に時間をかけすぎM&Aのタイミングを逃さない

また、もし「子どもが会社を継いでくれる可能性もある」と考えているなら、一度家族会議も行ったほうがよい。家族が集まり、経営の状況やそれぞれの本心、すべてをオープンにして互いに確認する機会を作る。親子間で日常的に本音で話しているという家族は、ほとんどいないのが現実だ。特に男同士の場合は、お互い「言わなくてもわかってくれているはずだ」と考え、正直に心情を吐露することはめったにないだろう。子どもが会社を継ぐと決めていても、子が会社の決算書を見たことがなく、改めてじっくり見た結果、「継がない」という選択に至ることは珍しくない。

事業承継という、経営者人生、そして家族にとっての大きな節目においては、しっかり数字と顔を見て話し合うことが大切だ。

ただここでお伝えしておきたいのは、じっくり検討しすぎて、決心が固まるころにはM&Aのタイミングを逃してしまった、という方もいるということだ。

M&Aをする場合、引き継ぎ等も含めると数年を要するため、ある程度検討し

周りに相談
- 会計士
- 金融機関
- 事業承継・引継ぎ支援センター
- M&A仲介会社（ブティック）

たら行動に移すことも肝要である。

一人で悩まずプロに相談してみる

「M&Aという選択肢もあるか」

そう考え始めたなら、信頼できる人に相談してみること。日頃、お世話になっている会計士の先生、付き合いの深い地元の銀行・信用金庫などの金融機関や証券外務員だけでなく、事業承継・引継ぎ支援センターなどの公的機関に声をかける方法もある。金融機関に相談して今後の融資に影響が出ないだろうかと心配する人もいるかもしれないが、今はM&A業務にも力を入れている銀行が増えてきているので、きちんと相談に乗ってくれる。可能なら支店長と1対1で話すのもいいだろう。

M&A仲介会社（ブティック）であれば、どういった相手とのM&Aの可能性があるのかを過去の事例に基づいてアドバイスをくれるし、決算書などの資料があれば簡易的に企業評価をしてくれる。あくまで簡易版なので正式な企業評価とは異なり目安に過ぎないが、自社の価値は誰もが知っておくべきだ。プロに相談することで、M&Aのイメージがより具体的に描けるようになるだろう。

2 企業評価と企業概要書

提携仲介契約

企業評価と企業概要書の作成

株価算定
↓売却価格を予想する
↓3つの算定方法と、当社独自の算定サービスがある

様々な角度から株価算定を行う

M&Aを本格的に検討しようと決めて、M&A仲介会社に相手探しを依頼する場合は、提携仲介契約を結ぶことになる。

決算書や財務諸表、所有資産や組織などに関する資料を集めて提出すると、M&A仲介会社が正式な企業評価と、企業概要書の作成を行う。必要となる資料は、M&Aの情報が漏洩するのを防ぐため、経理担当者など従業員に気づかれないよう収集しなければならない。必要資料の種類が多く大変かもしれないが、ここでしっかり収集しておくことで、交渉中に譲受け候補企業から資料の開示を求められた際に、スムーズに対応することができ、信頼度が高まるだろう。

株価は譲渡価額の基礎となるもので、いったいいくらで自分の会社が売れそ

うなのか、目安を知るためのものだ。株価を出すには様々な手法があるが、代表的な方法は次の①〜③の3つ。これらをベースとして、株価を算出する。少々専門的な話になるが、知識として持っていてもいいものなので、紹介する。

①コストアプローチ

企業の純資産価値に着目した算出方法。典型的なのが、時価純資産価額＋営業権法である。

決算書には資産と負債、その差額の純資産が記載されている。内訳となる勘定科目をもとにそれぞれの科目ごとに時価への評価替えを行うのがミソ。時価ベースでの純資産をはじき出す。加えて決算書には計上されていない事業の将来性や超過収益力など「見えない資産」を営業権（のれん）として加味する。これで単なる精算あるいは再調達価値だけでなく、将来の企業価値を含めたものになる。

営業権の算出方法にはそれぞれのブティックによって個性がある。何をベースに計算するのか、持続年数の根拠は何かなど、自分が納得いくまできちんと説明を受けておくことが重要である。

②マーケットアプローチ

株式市場における株価に着目した算出方法。類似会社比較法が典型例となる。非上場会社が評価対象の場合は、市場価格がない。そこで、評価対象とする会社に類似した企業を上場企業の中から探し出し、そことの比較で評価対象会社の株価を算定しようというものだ。

まず、類似上場会社の本業の価値である企業価値（EV＝株式時価総額＋純有利子負債）と、会社の稼ぐ力の指標であるEBITDA（イービットディーエー：営業利益＋減価償却費。税金や金利を支払う前の額のこと）という2つの指標をもとに、会社の事業価値が、年間の稼ぐ力の何倍あるかをはじき出す。同じ業種ならば対象の非上場会社も同じような倍率になるはずだ、との前提のもとに株価を算定する。

相応の規模の会社や、上場会社の子会社ではこの方法は有効であるが、中小企業においては「上場会社と規模が違いすぎる」「上場会社は全国区だが、中小企業は地方区」という意味で参考程度にしかならないケースも多いので、注意が必要である。

③インカムアプローチ

企業の収益力に着目した算定方法。典型例がDCF（ディスカウントキャッシュフロー）法とされる。収入から支出を差し引いた現金の流れをキャッシュフローというが、このうち企業が自由に使えるフリーキャッシュフローが将来どうなるかを予測する。

評価対象企業が作成する3〜5年程度のしっかりした裏付けのある事業計画をベースに、各事業年度のフリーキャッシュフロー（営業活動から得られるキャッシュフローから、設備投資など投資活動による支出をマイナスしたもの）を計算する。これで将来獲得できる現金を概算し、これを一定の率で割り引いて（ディスカウントして）、現在の企業価値を算出する。

通常、中小企業においては業績変動が激しいし、精緻な事業計画もないのでDCFは適用しにくい。ただ、「マンション管理業」などのように、ある程度

コストアプローチ
↓過去の蓄積による企業の力から分析

マーケットアプローチ
↓株式市場での評価から分析

インカムアプローチ
↓将来的な企業の収益力から分析

安定して収益が見込める業界では活用できる。

つまり、コストアプローチは過去の蓄積による企業の力、マーケットアプローチは株式市場での評価、インカムアプローチは将来的な企業の収益力、という3つの異なる視点からの会計的な分析によって、大まかな企業の株式価値をはじき出す。

④取引事例による株価算定

それともう一つ、日本M&Aセンターグループの企業評価専門会社、企業評価総合研究所が提供している株価算定サービスがある。当社が持つ累計6500件超のM&A成約実績、これをデータベース化して独自の評価モデルを実現した。これを「取引事例法」と呼んでいる。

この手法では、事業内容や地域、財務費用などが似ている会社の売買事例を選び、この類似した会社の株価指標を使って算定を行う。アルゴリズム（コンピューター処理による計算）を活用し、類似会社の選定が恣意的なものにならら

自社の「相続税評価額株価」と「M&Aの株価」は知っておくべき

ないよう工夫するなどして、合理的で客観的な株式を算定できる仕組みを作った。

これからM&Aを考えようと思う企業はもちろんのこと、すべての企業が自社の「相続税評価額株価」と「M&Aのときの株価」は知っておくべき時代である。

取引事例法は、簡便に計算できるうえに、実態に沿った現実的なM&A株価を知ることができるので、ぜひ利用してみてもらいたい。

特性や魅力を伝える企業概要書の作成

M&Aの手続きには書類作成が多いが、中小企業の場合、自社について詳しく文書でまとめてほしいとお願いすると、「必要なことは社長の頭の中です」と言われるケースが多い。決算書と簡単な企業紹介のパンフレットがあるだけで、ホームページもないという企業も珍しくない。しかし、これではM&Aの

企業概要書
↓データではわからない企業の魅力をアピール

企業概要書作成時は、担当コンサルタントに会社のすべてを伝える

検討をしようとする相手企業に、会社の特性も魅力も伝わらない。

そこで、当社では担当コンサルタントが経営者にインタビューし、それをもとに詳細な企業概要書を作成する。

これは、譲渡企業のプロフィール、事業内容、業務フロー、取引先構成、財務内容、組織体制、株主一覧、沿革、業界動向、抱えているリスク……等々の企業情報を要約した30〜50ページの提案書だ。写真や図、最近では動画なども活用してわかりやすく譲渡企業の魅力をアピールし、決算書の数値データだけでは表しきれない今後の成長の可能性などを候補先に伝える。企業概要書は「お見合い写真」のようなものだ。

経営者が長年かかって築き上げてきた会社の全貌を表すもので、完成した企業概要書を見て、「ここまでやってこれたんだな」と感動する経営者も少なくない。

ここで大切なのは、M&Aでマイナスになりそうな点も含め、洗いざらいすべてを担当コンサルタントに伝えることだ。隠しごとは、M&A交渉プロセス

の中で、必ず露呈する。後述するデューデリジェンス（買収監査）で相手企業から問題点を指摘されるのは最悪だ。

人間は、あとから悪い事実が判明すると、「どうして教えてくれなかったんだ」と思い、相手を信用できなくなってしまう。

中小企業は、上場企業とは異なり、多かれ少なかれ何らかの問題点があるものだ。最初から正直に言ってもらえれば、リスクへの対応策を検討することもできる。コンサルタントには、包み隠さず会社の状況を伝えたほうがよい。

3 マッチング、そしてトップ面談

マッチング（相手先選び）
↓M&Aの成功を
左右する

M&Aのすべてを決めるマッチング

案件化が完了すると、いよいよマッチング（相手先選び）に入る。

中堅・中小企業のM&Aにおいては、マッチングがすべてだと考える。まさに人間の結婚と同じで、「誰と結婚をするのか？」＝「どの企業とM&Aをするのか？」ですべてが決まってしまうのである。相性が悪い相手となら、いくら素晴らしい結婚式を挙げても、いくら素晴らしい契約書を作成しても、成功しないのである。

大企業のM&Aは、ある意味選択肢が少ない。しかし、中堅・中小企業のM&Aは、譲受け企業候補となる数万社の中から、真に相性の合う相手を選び出さなければならないのだ。

ロングリストから
ショートリストへ、
相手先を絞り込む

日本M&Aセンターは、このマッチングに強みがある。全国規模でしかも全業種の企業ニーズを蓄積したデータベースに加え、各地の金融機関や会計事務所のネットワークを活用し、経験豊富なコンサルタントが候補企業を抽出する。

企業分析や業界動向をしっかりつかんだM&Aコンサルタントたちが、「意外と思われる業界だが、組み合わせによっては相乗効果が出そうだ」など、広い観点から白熱した議論を展開する。さらに最近ではAIマッチングも取り入れて、あらゆる可能性を検討している。

これだけのスケールから生み出される潜在的なM&Aの候補企業リストがあってこそ、「本当に自社に合う良い相手」に巡り合うことができるのだ。そこから、検討の可能性がありそうな企業を一覧にしたロングリストを作成する。

このロングリストをもとに、譲渡企業の希望を聞きながら、相乗効果が見込めそうな企業を絞り込む。そして、候補先企業の優先順位をつけたショートリストを作成する。

このマッチングの巧拙が、M&Aによって事業を成長軌道に乗せられるかどうかの大きな分かれ目になる。同時に、従業員が生き生きと働けるか、今まで築いてきた文化が生かされるか、地域社会から受け入れられるか、なども決まることになるのだ。それだけに、マッチングこそ当社の500名超のコンサルタントの腕の見せ所である。

譲受け候補企業への提案

一方、譲受け候補企業に対しては、まず譲渡企業が特定されないように匿名ベースで企業概要を要約したノンネーム資料をもって提案する。業種、企業規模、譲渡理由、特徴などをごく簡単に記載したもので、これが初期提案になる。

初期提案に興味を持ったら、当社と譲受け候補企業との間で秘密保持契約を締結する。譲渡企業にとって名前を明かすのは一大事のため、「第三者に企業名が知られることはない」という保証が欠かせない。M&Aでは最初から最後まで、情報管理が成功のキーワードになる。

このプロセスを経たうえで、譲渡企業の企業概要書を提供し、より突っ込んだ検討をしてもらう。

ノンネームの企業概要書
秘密保持契約
情報管理↓信頼関係を築くキーワード

トップ面談
↓リラックスした雰囲気作りで互いに好印象を残す
↓相性を確認する

当社は、譲受け企業の成長戦略を考え、「この企業を買収したら、このような成長戦略が実現できます」「この企業を買収したら、このような相乗効果があり、生産性を高められます」などのアドバイスを行う。譲受け企業側は、検討に際して「成長戦略」「相乗効果」「事業承継」などの観点からM&Aコンサルタントとディスカッションを重ねることが重要である。そして、M&Aプロセスを先に進めたい、本格的にこの案件を検討したいという意思が固まったタイミングで、当社は譲受け候補企業と提携仲介契約を結んでいる。

譲受け企業側が、企業概要書だけではなく、さらに詳しい情報の提供を求めてくることがあるが、その際は必要に応じて決算書等を開示する。

トップ面談では相性を確認する

両社が「このお相手とのM&Aの検討を進めたい」ということになれば、実際にトップ同士が顔を合わせる。初対面は誰しも緊張するが、できる限りリラックスした雰囲気作りに努めたい。第一印象を良くすれば、その後の進行もスムーズにいく。あまりに馴れ馴れしいのは好ましくないが、堅苦しいのは息が詰まる。お互いに、信頼感、安心感が持てるよう真摯に向き合うのが一番である。その意味では、早々から取引の細部にこだわり、財務の数字などについて相手を質問攻めにするのは避けたほうがいい。

トップ面談で何を確認すべきかと聞かれることがよくあるが、実は中小企業M&Aの成立を最も左右するのは「従業員同士の気が合うかどうか」かもしれない。天気や食事、趣味などをテーマに気持ちをほぐしながら、適宜ポイントをついた質問を挟む。「私はあなたの会社に興味があります」ということが伝われば、段々と話は弾んでくる。このあたりの会話の呼吸は、普段の営業活動で行っている客先とのコミュニケーションの取り方と同じだろう。

譲受け企業が気を付けたい面談成功のポイント

トップ面談で、譲受け企業が気を付けなければならないポイントが2つある。

1つ、譲受け企業は絶対に上から目線を避けなければならない。

譲受け企業の面談時のタブー
①上から目線
↓尊敬する気持ちを持つ
②表面的なことにとらわれる
↓文化の違いを理解する

「買ってやる！　どんなものか品定めしよう」という態度が少しでも出たら、まず断られることになる。M&Aは資本提携であり、対等の立場で行うのが大原則である。むしろ、「数十年かけて築き上げた事業をお譲りいただく」「引き継がせていただく」という、相手を尊敬する気持ちが重要である。

もう1つは、文化の違いを理解すること。

スーパー技術者として叩き上げの製造業の社長と、スーパー営業マンが独立して作り上げた販売会社の社長、では文化がまったく異なる。

製造業の社長から販売会社の社長を見たら、「会話のテンポが合わない」という印象を持つかもしれない。一方、販売会社の社長は製造会社の社長を、「ずいぶん寡黙な人だ」と感じ、コミュニケーションをとりづらいと思うかもしれない。

しかし、それはお互いに職業柄身についた表面的なものであり、仕事の話になれば非常にうまくいくケースが多い。

業種ごとの文化を理解し、表面にとらわれず、何回も面談して話し合うことが重要である。食事などを一緒にすることも、理解を深めるのにはよいだろう。

買収後の成長戦略・相乗効果の検討
買収した企業の経営者を誰にするか

譲受け企業が決断を下すまでに検討すべきこと

譲受け企業にとっては、トップ面談後から基本合意契約までの検討が、最も重要なフェーズである。

相手の「企業概要」を理解したし、相手の「社長の人物像や文化」も理解した。買収先の企業の理解は深まったわけだが、ではこの企業を自社に取り込んだときにどのような成長戦略を描き、どんな相乗効果を出すのか。これを徹底して納得いくまで検討しなければならない。

また、買収後、この企業を誰に経営してもらうのかも、重要なテーマである。自分で経営を兼任する、自社の幹部を出向させて社長にする、今の経営者に数年は経営を継続してもらう、今の譲渡企業のNo.2に経営を引き継いでもらう、他からヘッドハンティングしてくる——など、選択肢は多くある。

そして、おおよその条件を詰めることも重要。

株価をいくらにするか？　現経営者の引き継ぎ期間はどうするか？　退職金はいくらにするるか？　経営者個人が所有する不動産の取り扱いをどうするか？

その他の検討事項
- 株価
- 現経営者の引き継ぎ期間
- 退職金
- 不動産
- 細目事項（骨董品、ゴルフ会員権など）
- 金融機関や取引先の引き継ぎ
- テナント契約
- フランチャイズ契約

会社で所有する骨董品、絵画、ゴルフ場会員権、社有車、などの扱いの検討が必要なケースもある。

また、金融機関や取引先の引き継ぎ方、テナント経営の大家さん、フランチャイザーとの契約、大口取引先との関係継続、等に関しても、協議しておかなければならない。

社内検討だけでなく、譲渡企業の工場、店舗、倉庫、などを見学してイメージを膨らませたり、また、現経営者と綿密な打ち合わせを行ったり、さらにはM&Aコンサルタントからのアドバイスをもらったり、といったことも大切である。

基本合意書はM&Aの決意表明

一方、譲渡企業は譲受け企業とのトップ面談などを通じて、「文化が合うか?」「従業員を大事にしてくれるか?」「会社を託せるリーダーシップと責任感があるか?」などを見ておく必要がある。

基本合意書
↓独占交渉権を相手に与えること
↓M&Aへの気持ちを固める

自分なりに交渉を前に進める気持ちが固まれば、ある程度の条件を盛り込んだ基本合意書を相手企業と取り交わす。

この契約書を交わすことで、「よほどのことがない限り、あなたの会社とM&Aの最終合意に向けての交渉を続けます」との決意表明となる。「もっといい会社があるのでは」と、ひそかに別の相手先を探したいと思う人もいるかもしれないが、基本合意書を交わすことで、独占交渉権を相手に与えることになり、気持ちの上で「この会社一筋」という区切りをつける。これはお互いの信義の問題だ。結婚式で言えば、いわば婚約のようなもの。ここから、いよいよ最終契約に向けた確認や交渉に入っていく。

4　デューデリジェンスから最終契約へ

デューデリジェンス
→譲受け企業による譲渡企業の健康診断
財務監査
税務監査
法務監査
労務監査
事業（ビジネス）監査
環境監査
システム監査

DDで譲渡企業の健康診断を行う

基本合意書を結んだ後は、譲受け候補企業による、譲渡企業のデューデリジェンス（DD、買収監査）に移る。「M&Aの実行」を決断するために、譲渡企業の健康診断を実施するわけだ。M&Aを実行した後に、実は大きな問題を抱えていた！　ということがわかると一大事なので、第三者の専門家が譲渡企業を診断する。

DDは、財務・税務関連を柱に、その他、法務、労務、事業（ビジネス）、環境、システムなど、調査分野は多岐にわたる。国境をまたいだ超大型M&A案件ならば、あらゆる角度からの調査が欠かせないため複数のDDを行うが、国内の中小M&Aでは財務・税務や法務・労務がメインだ。主に譲受け候補企

↓国内の中小M&Aでは財務・税務監査がメイン

売り手サイドの注意点
●従業員に秘密裏に行う
●すべてを開示する（最終契約書の表明保証に影響）

業が依頼した公認会計士が、譲渡企業の書類やデータを確認し、ヒアリングを実施する。

損益計算書、貸借対照表、資金繰り、在庫状況、意思決定機関の会議の議事録、重要な契約書、資産の実在性、未払い残業代の有無などのチェックを中心に作業を進める。粉飾決算をしていないか、簿外債務が隠れていないか、法令違反がないか、などが焦点だ。企業評価のところで述べた通り、最初からしっかり問題点も含めてコンサルタントに共有しておけば、必要以上にDDを恐れることはない。

DD時の売り手・買い手の注意事項

DDの時の注意事項を述べておこう。

まず、売り手サイドの注意事項だが、従業員に気付かれないように土日などを使ってDDを行う場合が多い。従業員のサポートが得られないので、DDをする会計士に不便をかけることになってしまうが仕方がない。宿泊、交通機関、

買い手サイドの注意点
- 調査事項や必要書類を事前に相手に通知
- 公認会計士や監査法人と事前に打ち合わせる

コピー機、お茶等の手配を、M&Aコンサルタントと打ち合わせて、不便のないように対応する。

また、DDですべての実態をさらけ出すことが非常に重要である。最終契約書には表明保証という項目が必ずある。これは、「私は、DDなどですべての問題点を明確に話した。それ以外の問題が発生すれば損害賠償に応じる」という項目である。したがって、DDですべての問題点を明確にしておくことが、後に禍根を残さず、信頼も得られることにつながる。

買い手側の注意点は2つ。1つは、調べたいこと、必要となる資料等を、事前に伝えておくことが重要である。中小企業では、顧問税理士に書類の管理を含めた多くの業務を委託していたり、それに加え大半の事項は社長の頭の中にあり、書面で十分な管理がされているわけでもない。DDで急に資料を要求しても出てこないことが往々にしてある。

もう1つは、DDを依頼する公認会計士と十分な打ち合わせを行っておくことである。経験の浅い会計士が現場を訪れ、大手企業のDDしかしたことがないために、「こんな資料もないのか」「こんな管理すらできていないのか」と驚いて譲渡会社の社長を見下してしまうような表情になることがある。譲渡会社の社長はＤＤで裸の会社の実態を見せるだけでも恥ずかしいのに、そのうえ会計士から見下されるような態度をとられたら、それを屈辱と感じてしまう。ＤＤが終わってから、「あんな屈辱を受けたのは生まれて初めてだ！」とＭ＆Ａを断ることもある。

中小企業と大企業は、財務会計と税務会計という違いだけでなく、管理体制そのものも大きく違うので、依頼する専門家とＤＤのポイントを事前に打ち合わせておくことが重要である。

ＤＤの報告書
↓必ず問題点は出るからこだわらない
↓肝心な点を見極める

譲受け候補企業の報告書への対応

ＤＤが終わると、報告書が作成される。そこには、譲渡企業の改善点や問題点が指摘されている。大規模な不正取引や不明朗会計は問題外だが、Ｍ＆Ａをストップさせるほどのものではなくても、いくつかの課題は必ず見つかるもの

最終契約に向けての確認
↓緊張下、稀に起こるマリッジ・ブルー

だ。

ここで譲受け候補企業が重箱の隅をつつくように、細かい点にこだわり続けると、譲渡企業の気持ちがそがれる。中小企業なので、管理には抜けや手落ちがある。そう考え、肝心な点は何かを見据え、対策を検討することが、双方にとって重要なことだと言える。

最終契約に向けての交渉時に起こりやすいハプニング

DD後の点検作業を終えたら、最終契約に向けての交渉に入る。

M&A仲介会社や弁護士や司法書士を交えながら、基本条件を再確認。買収価格やその支払い方法、譲渡企業社長の退職金やその後の処遇、従業員の処遇などを確認する。趣味で集めた絵画や骨董品をどうするか、ゴルフ会員権や別荘の処分など、いわゆる細目事項についても、あとでトラブルのもとにならないように取り決めをしておく。

この最終決定の直前という段階で、ハプニングが起きることがたびたびある。

「ちょっと待ってほしい」と、引きつった表情で駆け込んでくる譲渡企業の社長もいれば、「ほんとにこれでいいのだろうか」と念押ししてくる譲受け企業の経営者もいる。無理もない。大きな決断を前にこの最終局面で気持ちが激しく揺れるのも当然だろう。そんなときは、少し落ち着いて改めて状況を整理することに努めよう。冷静に考える時間を作れば、自然と解消する。

これは、結婚の直前（あるいは直後）にストレスが強くかかり急にふさぎ込む、いわゆるマリッジ・ブルーの心境に似ている。M&Aで、わが子あるいは自身の分身を切り離すような感覚になるのだ。それほど長年経営してきた会社を譲渡・譲受するというのは、経営者にとって強烈な緊張を強いる。M&A仲介会社としては、最後まで徹底的に経営者に寄り添い、心理面でのサポート役となれるよう心掛けねばならない。

最終契約・デリバリー・決済・成約式

最終契約書に調印した後、株券や重要物品の授受（デリバリー）や決済が行

成約時はセレモニーを執り行う→両社が企業グループとして出発する門出とする

われる。

当社では、新しい門出を祝うため、譲渡企業・譲受け企業の関係者が集まり、華々しく成約式を執り行っている。ホテルの会場で行うこともあるが、当社の東京本社や各支社には、成約式用の部屋がある。都心の高層ビル群を見渡すことのできる最上階の部屋だ。そこで、記念として心に残るようなセレモニーを開く。ホテルや結婚式場での勤務経験を持つ「M&Aセレモニスト」と呼ばれる専任の担当者を配置している。

式では乾杯や花束贈呈、写真撮影で門出を祝う。譲渡企業の社長のご家族が、社長に向けて長年の苦労を労い感謝の気持ちを伝える手紙を読むこともある。「お父さん、今まで長い間お疲れさまでした」と言われ、社長が涙を流す場面に、これまで何度も出会ってきた。

人間の結婚なら、結婚までの間に恋愛期間があり、食事に行ったり、旅行に行ったりしてお互いの相互理解を深める。しかし、M&Aは成約式のときまで、お互いは「売り手」「買い手」という交渉相手であり、細かい条件の詰めを行っている相手である。

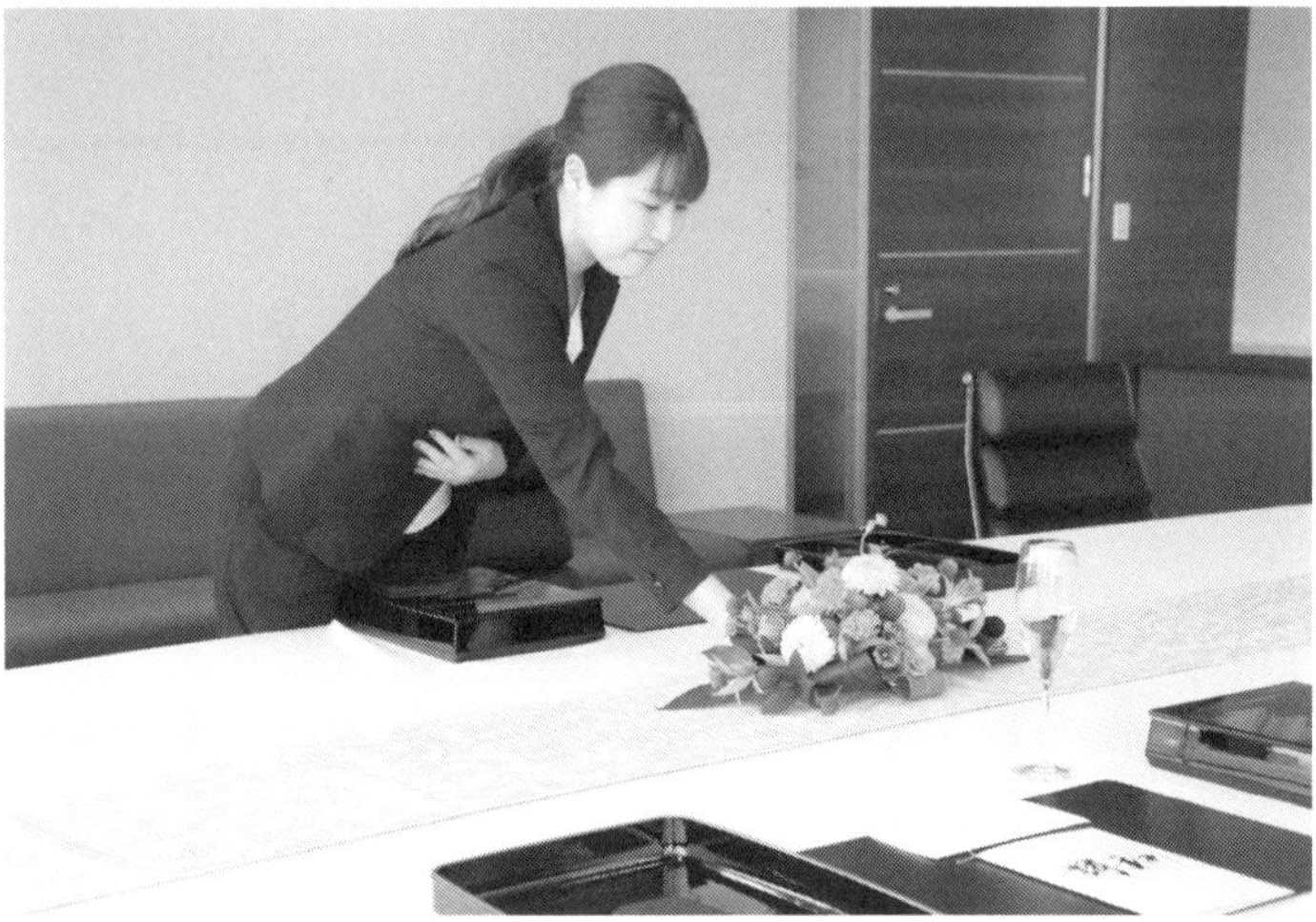

日本M&Aセンターの調印式では、両社がともに発展していけるよう、M&Aセレモニストがサポートして結婚式のように門出を祝う演出を行う

しかし、成約したら一挙に親子の関係となり、ビジネスパートナーに変わるのだ。この狭間を埋められるような成約式を執り行うことが、その後のPMIの成功に大きな影響を及ぼす。

譲渡企業社長夫妻は、長年の苦労が報われ、自分の人生が無駄ではなかったことを確認し、自分の作り育てた会社がさらに大きく羽ばたくことを予感する。

譲受け企業は、壮絶な想いと苦労をして作り上げてきた企業を譲り受ける責任を再確認し、絶対にPMIを成功させ、従業員や取引先に喜んでもらえるようにする覚悟を決め、言葉で表明する。

当社では、両社が新たな企業グループとしての門出を迎えるこのセレモニーを、ことのほか重要視している。

「人間は理屈で判断して、感情で行動する」という名言があるが、抽象的な言葉だけでは、人間の心は震えない。心を動かすのは、心のこもった言葉である。この成約式を通じて譲渡企業の経営者は華々しく引退することができ、譲受け企業は決意を新たにするのだ。

「良き譲渡企業、良き譲受け企業に恵まれて、本当に良かった」

関係者全員が祝福し合う時間と空間をご用意する。ここが、M＆Aの総仕上げの場だと思っている。

5　真の成功に導くPMI

従業員・取引先への説明

契約締結はスタート地点

最終契約が終われば M&A のプロセスとしては一段落となるが、当然それで終わりではない。むしろこれからの2社の発展に向け、ようやくスタート地点に立ったという状況だ。

まず、従業員や取引先などへの説明。このやり方ひとつで、その後の従業員の士気や、取引先からの信頼度は大きく変わってくる。発表前に情報が漏れないようにすることはもちろんのこと、発表のタイミングや表現、幹部社員への事前の根回しなどに十分気を配りたい。これらはM&A仲介会社にノウハウがあるので、アドバイスを聞いて慎重に進めてほしい。

譲渡企業への敬意をもってPMI成功へ

次に、M&A後の実際の運営を考えねばならない。譲受け企業には、ここからがM&Aの本番ともいえよう。M&A後の統合プロセス、PMIを順調に進められるかどうかが、新会社の持続的な発展に直結する。譲受け企業にとっては、M&Aのプロセスで得た相手企業に関する情報が、経営展開を考えるうえで貴重なものになる。その意味では、PMIはM&A成立前から、譲受け企業の内部で戦略を練らなければならない。経営ビジョンの再構築、システムの導入、会計処理の統一、働き方の見直し、人事交流など、項目別に取り組むべき課題を挙げ、M&A成立後には練り上げた戦略を直ちに実行に移すスピード感をもってPMIを始める。

M&Aの業界では、「100日プラン」といって、買収後100日をPMIの正念場と定義している。契約日（デイゼロ）からスタートし、1週間以内にやること、1カ月以内にやること、3カ月以内にやること、を明確にすることが大切だ。

PMIのポイント

- 交渉時からPMIの戦略を練る
- 100日プラン

当社では、PMIを見据えてM&Aプロセスを進めるための「買収の参観日」という譲受け企業向けセミナーを毎月開催し、希望があればPMIプロセスでやるべきことのレクチャーも実施しているほか、本格的なPMIコンサルテーションも行っている。当社グループの日本PMIコンサルティングは、PMI専門会社として珍しい存在である。

大事なことは、譲受け企業が「上から目線」の対応をとらず、譲渡企業の従業員に十分な敬意を払うことだ。譲渡企業の従業員の協力を得られなければ、2社の今後の発展は見込めず、せっかくM&Aをした意味がなくなってしまう。敬意を払いながら、ビジネスの効率化や新規開拓など、新たな挑戦を一緒になって始めることである。

Column

M&A支援30年。M&A総合会社として世界No.1企業へ

最後に、当社のM&Aビジネスへの支援体制を紹介したい。グループを挙げて、全国の中小企業のM&Aが、実り多きものとなるよう万全の体制を組んでいる。

○**企業評価総合研究所**　M&Aにおける企業評価の算定と、企業レポートの作成を担当している。業界初の取引事例法による企業評価を実現した。

○**日本PMIコンサルティング**　M&A成立後の統合プロセスを助言する。決算、内部統制など定量面での課題と、ビジネス分析やコミュニケーションなど定性面での課題の双方からアプローチしたうえで、定量・定性の両方の側面を持つ事業計画の作成などをお手伝いする。

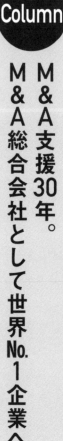

○**事業承継ナビゲーター**　第三者承継や親族内承継など、幅広く事業承継についてのコンサルティングを行う。事業承継のプランニングだけでなく、中小企業オーナーの資産運用など財産相談を手掛けており、譲渡された方へのアフターサービスも提供している。

○**バトンズ(Batonz)**　小規模M&Aのニーズに対応するため、インターネットによるマッチングを行う。オンラインをフル活用したことにより、低価格とスピード感が実現。顧客の評判を呼んだ。当社から分離独立した企業だが、急成長している。

○**矢野経済研究所**　M&Aの戦略作成に欠かせない市場調査を得意とする。

○**ZUU M—A(ズームエー)**　経営者向けメディアプラットフォーム「THE OWNER」を運営している。オーナー経営者のための経営課題解決型メディアとして、経営、事業承継、ニュース、資産管理、ライフ、セミナー・イベントなどのカテゴリーに分け、ウェブサイトやYouTube、各種SNSなどを通じて記事や動画を配信、オンラインセミナーを積極展開している。

○**日本投資ファンド**　日本政策投資銀行と共同で2018年に設立したファンド。J-FUN(ジェイーファン)の愛称で中小企業の成長戦略を支えるとともに、地域活性化につなげるのがねらい。着実に実績を積みつつある。

○**日本プライベートエクイティ** 2000年設立のファンド。事業承継ファンドとして数多くの成果を上げている。

○**サーチファンド・ジャパン** 日本政策投資銀行等と共同で2020年に設立した合弁会社。M&Aを目指す優秀な人材に、知見・情報・資金等を提供することで、中小企業M&Aの拡大と経営者の輩出を目指す。

このほか、グループ会社というかたちではないが、海外M&A支援や上場支援を行う部署もある。ASEANの5カ国（シンガポール、インドネシア、ベトナム、マレーシア、タイ）に拠点を持ち、ASEAN諸国の企業とのM&Aをサポートする体制を整えている。また、東京証券取引所のプロ投資家向け市場「TOKYO PRO Market」の「J-Adviser」資格を2019年に取得し、上場を希望する企業のパートナーとして、アドバイスなどを行っている。

こうして日本M&Aセンターグループは、企業の存続と発展を支援すべく、M&A仲介にとどまらない幅広い事業展開を行いながら、2021年には創業30周年を迎えた。世界No.1のM＆A総合企業を目指し、これからも経営者たちの悩みを解決し、日本の、そして世界の企業を元気にしていきたい。未来が明るく希望にあふれたものになるお手伝いをすることが、私たちの使命なのだから。

中堅・中小企業は今、大変な時代に直面しています。市場が縮小し、働き手は減少。それらを引き起こす少子高齢化の波は、企業トップにも押し寄せ、多くの経営者が後継者問題に悩んでいます。

60代、70代の経営者は経営能力が極めて高いと思います。私も60代になって、さらにやる気がみなぎってきました。この年代というのは、今までの経験が活き、人望も備わり、社内外の信用力も増す。経営者としての能力がピークに差し掛かっていると言えます。

一方で私は、64歳のときに大きな病気をしました。そこで感じたのは、経営者として一番能力が優れているときにこそ、次の3つの道筋をつけなければならないということです。

①会社の成長戦略

②会社の事業承継
③経営者個人の財産承継

企業の成長は、すべての人を幸せにします。したがって、「会社の成長戦略」を明確にし、それを実現してくれる人に事業承継をするとよいと思います。その相手が、親族でも、M&A先の企業でも、ファンドでも、従業員でもかまいません。

ただ、先の3つは、すべて時間がかかるテーマです。ですから、早く着手し準備を始めることが大切です。「準備は早く！　意思決定は慎重に！」が肝だと思います。

とくに事業承継問題は、つい先送りにしたくなります。元気なうちは、「まだ経営できる」「あと3年、5年はできそうだ」などと考えてしまうものです。

しかし、未来は何が起きるかわからない。突如、世界中をコロナ禍が襲ったように、現在の経営環境がずっと続く保証はどこにもないのです。今はうまくいっていても、10年後、20年後もそのビジネスモデルが通用するとは限りません。

オーナー企業の経営は、良くも悪くも社長次第、会社や従業員の運命は社長の手に委ねられています。会社を守ることができるのも、伸ばすことができるのも、社長のあなた自身なのです。

この本を手にとっているあなたは、未来を見据え、会社のために何をすべきなのか決断するときが来ているのではないでしょうか。

また、今の日本にとって最も重要なテーマは地方創生です。

私はこの数年間、地方創生をライフワークに地域金融機関や信用金庫、会計事務所などと一緒に仕事をしてきました。その実感として、よく言われる「中小企業の事業承継問題」だけを解決しても、決して地方創生は成功しないということです。「中小企業の事業承継」を解決し存続を図ると同時に、地域の中堅企業の成長戦略を策定し、活性化して成長していくことが地方には必須なのです。

加えて、多くの地方自治体が「大学生のUターン率が低く、優秀な若者が帰ってこない」現状に悩んでいます。

これは、若者が地元を嫌っているからではありません。大学を卒業したばかりの意欲ある優秀な若者が「人生を懸けて働きたい」「この企業とともに自分が成長したい」と思える魅力ある企業が地元に少ないからです。現に、Uターン率と都道府県内上場企業数には大きな関係が見られます。私は、地元の優良企業が上場して、若者がUターンを望むようにしたいと願っています。

さらには、小規模企業の存続も大事です。

寒村や僻地では、「小さなタクシー会社」「小さな食料品店」がライフラインです。観光地では、商店街のラーメン店、土産物店の廃業が致命傷になります。地方の文化や名物を担っているのは中小企業や商店です。

就業年齢人口が激減するなかでは、ASEANに生産拠点を持つ・販売拠点を持つということも、重要になってくるでしょう。

大企業から中堅・中小企業、個人商店に至るまで、変化は避けて通れないのです。当社も立ち止まってはいられません。

30周年を迎えた日本M&Aセンターは、これからもあらゆる企業の支援をし、輝かしい日本の未来を創る一助になる、そう決意しています。

2021年10月

日本M&Aセンター 代表取締役社長　三宅 卓

【著者】

三宅 卓（みやけ すぐる）

株式会社日本M&Aセンター　代表取締役社長

1952年生まれ。神戸市出身。大阪工業大学工学部経営工学科卒。1977年、日本オリベッティに入社。会計事務所へのプロジェクトを担当した後、金融機関に「融資支援」や「国際業務」のシステムの企画・販売を担当。「日本を支えるトップ営業マン」としてビジネス誌に取り上げられる。本社営業企画・東海事業所長を務めた。1991年日本M&Aセンターの立ち上げに参画。以来、中小企業M&Aの第一人者として現会長の分林保弘とともに同社を牽引。数百件のM&A成約にかかわって陣頭指揮を執り、「中小企業M&Aのノウハウ」を確立。品質向上と効率化を実現。2008年6月より現職。2021年10月より、持株会社化に伴い株式会社日本M&Aセンターホールディングス代表取締役社長を兼務。中堅・中小企業のM&A実務における草分け的存在であり、著書も多数。経験に基づくM&Aセミナーは毎回好評。

【案件取材・執筆協力】

株式会社日本M&Aセンター

吉丸 康一（有限会社笹倉製作所×名古屋特殊鋼株式会社）
堀切 将太（第一電機設備工業株式会社×阪和ホールディングス株式会社）
田子島 敬　浅野 伸吾（三博工業株式会社×株式会社三井）
野金 将行　村田 祥隆（株式会社SPREAD×株式会社LAVIE〈株式会社東セラ〉）
長谷 智久（株式会社寺田組運輸×日本グロース・キャピタル株式会社）
太田 隼平　戸塚 直道（株式会社テクニカルパートナー×エスエイティーティー株式会社）

小田切 弓子　戦略推進室　室長　公認会計士

会社を"守る"M&A、"伸ばす"M&A

2021年11月1日　1版1刷

著者　三宅 卓
発行者　白石 賢
発行　日経BP
日本経済新聞出版本部
発売　日経BPマーケティング
〒105-8308　東京都港区虎ノ門4-3-12
装幀　梅田敏典デザイン事務所
印刷・製本　中央精版印刷
本文組版　マーリンクレイン

ISBN 978-4-532-32439-1　Printed in Japan